Sur le champ

« À nos agriculteurs et à ceux qui le deviendront. »

Autres titres disponibles aux Éditions La Butineuse :

Hydrater la Terre. Le rôle oublié de l'eau dans la crise climatique, Ananda Fitzsimmons

Terre et climat. Éclairages sur le rapport spécial du GIEC, Patrick Love

Chroniques énergétiques. Clefs pour comprendre l'importance de l'énergie, Greg de Temmerman

Nourrir la terre. Manifeste pour une agriculture régénératrice, Daniel Baertschi

Les agriculteurs ont la Terre entre leurs mains, Paul Luu, avec Marie-Christine Bidault

Inventaire d'émotions transitoires, Tiphaine Gerondeau

Tous alchimistes : réinventons la boucle aliments-terre, Julie Lenormant

Abécédaire pour petits gourmands et grands curieux, Caroline Sanceau

Couverture et maquette intérieure : © Agence Coam

ISBN : 978-2-493291-44-8

Atelier des Entreprises
Place de l'Europe – Porte Océane 3
56400 Auray
www.editions-labutineuse.com

Camille Fournier

Sur le champ

Carnet de voyage au cœur des vocations agricoles

Préface d'Édouard Bergeon
Avec le concours d'Ambre Germain
et Yonathan Bellaiche

Éditions la Butineuse

Table des matières

L'urgence à suivre ses convictions !

Est-ce que je veux devenir agriculteur ? Je ne l'ai jamais pensé ainsi. Je vivais enfant dans les pas de mon père. Dès que je sortais de l'école puis du collège, je filais aux champs le rejoindre. Je bénéficiais de mon propre potager qui m'a imposé tôt l'idée de produire les meilleurs légumes du monde aux yeux de ma famille et de mes voisins, suivant une multitude de conditions et de paramètres. Comment faire que la terre qui m'était mise à disposition, m'offre ses plus beaux fruits ? J'étais soucieux des saisons et de la météo. J'avais une passion pour l'eau, je me souviens m'être rapidement mis en quête des secrets d'une irrigation optimale. Ce n'était pas commun à mon âge. C'était pour moi une obsession. Je ne pensais pas consciemment à protéger la planète, j'avais les mains dans la terre, j'entretenais les trois hectares de la ferme familiale. Ma vie d'adolescent en dépendait. Je devais la chérir, l'accompagner pour recevoir en retour ses plus précieux dons. Mon père m'incitait qui plus est à leur donner de la valeur, c'était mon argent de poche. Pas simple. Mais quelle fierté de nourrir à mon échelle ceux qui m'entouraient. Cette foi en la terre ne m'a jamais quitté. Je portais cette même certitude envers les animaux qui nous entouraient. Belle vie, belle mort. J'élevais mes propres poules pour vendre leurs œufs au marché.

J'ai eu la chance de vivre une jeunesse immensément riche. Ma mère me parle souvent de son grand-père, René Naturel, un érudit. La famille raconte, pour célébrer sa force, qu'il portait des sacs de blé sur chacune de ses épaules pendant les moissons. Cet agriculteur d'1,90 mètre a fini sa vie entouré par les livres. Sa transversalité, comme celle de mon père qui envoyait des lettres comme on publie des articles, m'a toujours plu et guidé.

Quand Camille et Ambre, étudiantes en école de commerce à HEC, me soumettent leur projet, leur interdisciplinarité m'interpelle. Et je suis rapidement convaincu de l'utilité de leur dessein. Casser les frontières, rapprocher des mondes qui se sont perdus de vue, leur motivation est singulière : pour leur dernière année, elles n'envisagent pas de partir au bout du monde, mais « Sur le Champ », pour un tour de France de l'agriculture innovante. Elles veulent vivre aux côtés d'agriculteurs « pionniers », et nous raconter leur aventure à travers la découverte de tous les modèles agroécologiques. Onze fermes sur un an, et autant d'épisodes diffusés depuis sur ma chaîne Aunomdelaterre.tv mise en place avec mon compagnon Antoine Robin et soutenu par Guillaume Canet qui incarnait le rôle inspiré de mon père dans mon premier film *Au nom de la terre*.

Et quel résultat aujourd'hui. Leur énergie, leurs convictions comme leurs doutes, donnent à apprécier un quotidien du monde agricole comme on ne l'avait jamais vu. Durant plusieurs jours, voire semaines d'immersion auprès d'éleveurs et d'éleveuses, de bergers, de céréaliers, de producteurs et productrices de pain et de légumes, mais aussi au cœur de fermes qui soignent et inspirent, Camille et Ambre proposent une série détonante et éclairante. Avec ce livre, pour tous ceux qui souhaitent s'engager en agriculture, Camille poursuit l'aventure, d'une écriture juste, fine et jamais idéalisante du métier parfois rêvé comme une parenthèse au grand air. « Pour comprendre », écrit-elle, « il faut vouloir voir, il faut creuser, il faut mettre les mains dans la terre. »

D'ici à 2030, 200 000 chefs d'exploitation devraient être en âge de partir à la retraite. Certains pourraient même anticiper leur départ. La France risque de manquer d'agriculteurs. Aussi, toutes les volontés vives, quelles que soient leurs origines, ont leur place au sein de ce monde agricole. Nous le savons, le visage d'une production nourricière ne renvoie plus à celui d'un père, d'une mère ou d'une fille, d'un fils. D'autres agriculteurs, comme ceux que Camille nous donne à voir, portent et porteront demain les projets de reprise comme de création d'entreprise en agriculture.

En racontant son tour de France, de ferme en ferme, Camille confirme l'utilité de la mission qu'elle s'est assignée, de relais, de vectrice entre des mondes qui ont peut-être cessé de s'ignorer aujourd'hui, mais continuent à se méconnaître.

J'aime aussi à penser que d'en haut, depuis son ULM qu'il affectionnait tant, mon père, mais aussi ce grand-père, René Naturel qui nourrissait d'une main et lisait de l'autre, aiment à regarder et accompagner à leur façon, comme je m'évertue aussi à le faire, ces nouveaux visages de l'agriculture. Je veux croire à ces étoiles qui m'ont appris à travers leur vie passante, parfois trop furtive, l'urgence à suivre ses convictions.

Édouard Bergeon
*Réalisateur d'*Au Nom de la Terre,
le film aux 2 millions d'entrées qui a bouleversé le monde agricole.

Introduction : la genèse du projet

« Mais les filles, pourquoi vous faites ça ? »

Cette question nous fut souvent posée au cours de notre aventure agricole sur les routes de France. Alors, pensives, nous nous regardions, les yeux écarquillés, la bouche interrogatrice, essayant de faire un petit signe à l'autre pour qu'elle tente d'y répondre. Gymnastique bien délicate : pour nous, la réponse n'était pas si limpide. À vrai dire, elle s'est même construite petit à petit.

Peut-être avions-nous le sentiment que quelque chose ne tournait pas rond dans le monde agricole. Les agriculteurs nous nourrissent trois fois par jour, prennent soin quotidiennement de nos paysages et de nos terres. Pourtant, aujourd'hui, un agriculteur français sur trois vit avec moins de 350 euros par mois et un paysan se donne la mort tous les jours dans notre pays. Un gros grain de sable s'est manifestement glissé dans un rouage, quelque chose cloche. Le plus beau métier du monde serait-il au bord du précipice ?

De là est née une intuition, ou plutôt d'une volonté d'apporter une humble pierre à cet édifice ancestral. Une petite voix nous a soufflé à l'oreille : « Pourquoi pas ? Pourquoi pas aller à la rencontre de ces héros qui garnissent nos assiettes ? Pourquoi pas essayer de s'immerger dans leur vie, et adopter leur casquette pour une année ? Et pourquoi pas réaliser des reportages vidéo pour partager nos découvertes ? »

Ambre comme moi sommes d'un naturel plutôt direct ; nous ne nous posons pas quarante mille questions avant d'agir. Autant dire que bien souvent, derrière la malice d'un « pourquoi pas » se cache l'enthousiasme d'un grand « oui on y va ».

Oui…mais. Partir sans aucun bagage agricole ni cinématographique nous semblait un peu léger. Et quoique nous aimions beaucoup voyager léger… ce coup-ci, c'était à l'évidence trop risqué. Pour nous épauler, il nous fallait un parrain qui ait déjà cette double casquette ! « Ok, c'est parti, on écrit à Édouard Bergeon[1] ! »

Meudon, le 30 avril 2020

Bonjour Édouard,

Nous vous écrivons car votre film *Au nom de la terre* a semé en nous des petites graines, qui ont germé avec le temps et sont maintenant au point de fleurir. Il nous a énormément touché, renforçant notre envie de nous engager, nous aussi, afin de participer à la transition agricole et au développement d'une agriculture plus humaine et plus durable.

Actuellement étudiantes à HEC Paris en troisième année, nous consacrons un an de notre cursus à la réalisation de notre projet « Sur le Champ », un tour de France des exploitations agricoles innovantes. Nous sommes animées par une envie bouillonnante de comprendre le fonctionnement et la vie des producteurs qui repensent le fonctionnement de la filière agricole. Nous avons à cœur de nous immerger dans le quotidien de ces agriculteurs engagés, afin de valoriser leurs pratiques auprès des consommateurs, et de les aider bénévolement au jour le jour dans les différentes tâches de leur ferme (…).

Aujourd'hui, nous cherchons un parrain pour notre tour de France. C'est avec une certaine évidence que notre cœur a murmuré votre nom, vous qui avez semé en nous toutes ces petites graines, désireuses de porter du fruit. Alors le mot "parrain" est peut-être un peu fort, mais l'important pour nous est de partager un même désir, une même mission. Nous ne vous demandons pas d'engagement ou d'investissement démesuré, peut-être simplement de partager votre expérience et vos précieux conseils, pour rendre notre projet « Sur le Champ » le plus fructueux possible.

Un grand merci par avance pour votre réponse. Prenez soin de vous et de vos proches.

Ambre et Camille

Nous sommes en avril 2020, en plein confinement, alors pour éviter que notre bouteille jetée à la mer n'arrive à mauvais port, nous privilégions l'efficacité au romantisme : la lettre se transforme en pdf et trouve son destinataire sur Messenger. Après quelques échanges, un déjeuner à la bonne franquette et un café dans un troquet parisien, nous montons à bord de l'aventure AuNomdelaTerre.tv[2], un navire quittant à peine le port, mais qui nous embarque déjà pour une belle croisière.

Nous voilà parties pour un an de vadrouille sur les routes de France, à la découverte de onze fermes innovantes, caméra en main et bottes aux pieds !

Et nous vous y emmenons avec nous, pour vivre de l'intérieur ces immersions qui nous ont beaucoup marquées, rencontrer ces familles qui nous ont adoptées et partager leur quotidien, devenu notre quotidien. Nous partons en voyage à travers la France agricole, ses longues routes verdoyantes et ses fermes charmantes, rencontrer quelques-uns de ces acteurs du changement hors du commun. Tous sont inspirants, innovants, passionnés et résolument humains.

Notes

1. Réalisateur du film *Au nom de la Terre*, 2 millions d'entrées. Il a lancé avec Guillaume Canet la chaîne AuNomdelaTerre.TV, un "Netflix agricole".
2. Cette Web TV fondée par Édouard Bergeon et parrainée par Guillaume Canet propose des films, documentaires et reportages allant "du champ à l'assiette".

Chapitre Un
La ferme de Villaine – Chez François – Maine-et-Loire

L'Agriculture de Conservation des Sols, une troisième voie entre l'agriculture conventionnelle et l'agriculture biologique.

– Jour 1 –

Aujourd'hui, un rêve se concrétise. C'est le grand départ, le jour J tant attendu.

L'idée de ce voyage semble lointaine déjà tant le projet a évolué depuis les premières ébauches. Il y a six mois, dans notre tête, le tour de France se déroulait à vélo avec trois t-shirts et un iPhone pour produire des vidéos pour les réseaux. Mais ce matin, de lourds sacs de matériel s'entassent à l'arrière de notre petite C3 : tenues de travail masculines, bottes en plastique premier prix, chaussures de sécurité trop grandes, parka d'hiver, drone rafistolé, appareil photo emprunté, trépied pour nain, micro-cravates... Autant de choses qu'il aurait été difficile de transporter à la seule force de nos petites jambes.

H-2 avant de partir, c'est l'heure du relooking pour la C3 : un nouveau look pour une nouvelle vie. Elle se pare de stickers multicolores et adopte un nouveau nom : la Sur-le-Champ-Mobile. L'impatience est palpable. La petite citadine trépigne à l'idée de quitter son trottoir bitumé et de s'envoler vers des paysages plus champêtres.

Un petit crochet à la cordonnerie s'impose. L'achat de quatre paires de semelles permettra de compenser les deux pointures de trop dans nos chaussures de sécurité. Puis nous mettons le cap sur Baugé en Anjou, où nous attend notre premier hôte pour le dîner. Après trois heures de route, un petit pavillon de campagne se dresse devant nous. Il y a un chien, des chèvres, et deux petits blondinets. En fait, nous ne sommes pas du tout chez François. Le GPS nous a joué un tour. Mais la deuxième tentative est la bonne. Une étable et un hangar à tracteurs délimitent une cour de ferme au gazon parfaitement entretenu. Un rosier Mozart grimpe sur la façade d'une maison beige aux larges fenêtres. Sur la porte, une jolie cloche en bronze tinte pour annoncer notre arrivée. Un grand jeune homme de vingt-neuf ans, casquette vissée sur la tête, nous accueille avec un sourire chaleureux. Une oreillette de vigile, prête à sonner, est accrochée à son oreille droite. Dans la cuisine, un bœuf bourguignon dont l'odeur vient nous chatouiller les narines mijote dans une marmite en fonte. Nous sommes au bon endroit.

*

La chambre voisine de celle de notre agriculteur nous hébergera pour les vingt-et-une prochaines nuits. Je m'endors sur le magazine “TCS : Techniques Culturales Simplifiées”, une recommandation de François.

– Jour 2 –

Aucune règle n'a été fixée pour cette aventure, si ce n'est de nous lever à la même heure que nos hôtes. Dès le premier jour, le réveil sonne donc à cinq heures quarante-cinq. Nous sautons dans notre pantalon, enfilons nos chaussettes et buvons un café cul-sec.

Nous partons en direction de l'abattoir de Sablé-sur-Sarthe pour récupérer la carcasse d'une belle limousine que François a déposée quelques jours auparavant. C'était sa préférée, son petit coup de cœur. Bruno nous accueille, caméra éteinte. Pas question de prendre le risque de divulguer des images de cette activité qui est déjà sous la pression médiatique. Elle affiche un beau chiffre au compteur : 503 kilos de carcasse. Les employés du laboratoire de transformation de la ferme vont prendre plaisir à découper et préparer une si belle viande. L'abattage et l'éviscération coûtent 45 centimes par kilogramme, soit environ 300 euros pour notre limousine. Ceintures bouclées, nous reprenons le chemin de la ferme. François profite que nous soyons tous les trois réunis à l'avant du camion pour planter le décor, au sens propre, de nos trois prochaines semaines sur l'exploitation. Il est installé sur 91 hectares, dont 55 en prairie destinés au pâturage des animaux et les 36 restants aux grandes cultures : blé tendre d'hiver pour la vente de céréales et la paille pour les animaux, méteil[1] grains, maïs, sorgho fourrager, tournesol et luzerne porte-graine pour la production de semences fourragères. À cela s'ajoutent un atelier de bovins allaitants composé de 90 génisses, et un élevage de biches constitué de 170 femelles et d'un cerf reproducteur. Sans oublier l'atelier de transformation et de vente directe à la ferme qui assure une production de A à Z, des champs à l'assiette, et permet le contact direct avec les clients. La discussion nous maintient éveillées malgré notre courte nuit. Alors que nos ventres commencent à crier famine, nous passons acheter les meilleures viennoiseries du coin pour un petit-déjeuner gourmand avec les salariés du labo.

*

François organise pour nous une visite des parcs de cervidés. Griotte, Vénus, et Oscar, les deux ânes et le lama, respectivement tracteurs-tondeuses et taille-haies, se baladent librement sur le chemin bordant les parcelles. Bobby, le cerf, cohabite avec quarante femelles pendant sa période de brame. Il en fait d'ailleurs une impressionnante démonstration. Son mugissement rauque et puissant ébranle toute la prairie. Nous sommes en septembre, la saison des amours pour les cervidés. Notre Bobby déploie donc une grande énergie pour avertir et séduire les femelles. Mais ce n'est pas sans effort que ce mâle dominant parvient à remplir sa mission : il a déjà perdu quelques dizaines de kilos, et il n'est pas au bout de ses peines. En effet, les cerfs cessent de s'alimenter pendant toute cette période, et peuvent perdre jusqu'à 25% de leur poids. François a plusieurs "lots" de cervidés : un premier avec les jeunes biches et petits faons, un second, "principal", où les biches se reproduisent avec Bobby, et enfin un lot d'abattage, que nous préférons appeler "lot en finition". Nous nous occupons de nourrir les habitants de ce dernier, avec un mélange de maïs, féveroles, avoine et pois.

Tassés à trois dans l'habitacle du tracteur, nous faisons rapidement jaser le voisinage, curieux de ces nouvelles arrivées.

*

Juste à côté de la maison principale, une petite grange en pierre loge deux résidentes, pas vraiment invitées mais bien accueillies et soigneusement dorlotées. Un peu comme nous ?

Il s'agit de Rescue et Reinette, un petit veau charolais et sa copine de neuf mois son aînée. Pour la petite histoire, à l'achat, la maman de Rescue, âgée de seulement quelques mois, était arrivée pleine chez François. "Erreur d'éleveur", comme on dit par ici. L'histoire raconte que son père, le taureau, se serait occupé un peu maladroitement de la jeune adolescente. À la suite de la césarienne, la petite vache, prise de court par les événements fit un "déni de grossesse" et, dénuée de tout instinct maternel, refusa la garde de son veau. François, attendri par cette première naissance sur sa ferme, baptisa le nouveau-né Rescue, lui boucla à l'oreille le numéro "001", et s'engagea à le biberonner matin et soir. Il se jura d'accepter ces cadeaux impromptus de la nature seulement jusqu'au septième, juste pour se voir nommer un veau James Bond et lui boucler "007" sur les deux oreilles.

Éric partage notre premier déjeuner à la ferme. Ce trentenaire aux pommettes rougies par le froid nous salue avec un large sourire. Il a décidé de rester toute la semaine à la ferme, non pour s'amuser de notre présence et rire de nos maladresses, mais pour s'accoutumer à son futur métier. Dans quelques semaines, il quittera son travail de chauffeur routier pour s'associer à François. Nous mangeons les "restes" du délicieux bœuf bourguignon, qui se révéleront être un peu plus que des restes, puisqu'ils nous nourriront encore copieusement le lendemain et le surlendemain.

Le labo est situé à cent mètres de la maison de François. À l'intérieur, tout est rangé, ordonné, blanc et surtout très propre. Pas question de rentrer en chaussures ou d'oublier de mettre une charlotte : l'hygiène est le mot d'ordre. La brillance des tables de travail en témoigne. Frédéric, tablier blanc sur son ventre arrondi et couteau aiguisé dans la main droite, y veille, fidèle au poste depuis de nombreuses années.

De l'aveu même de François, il n'aurait pas repris la ferme il y a deux ans si Frédéric n'avait pas décidé de poursuivre l'aventure avec lui. Il incarne le labo à lui seul et garantit l'excellence de ses produits, à tel point que beaucoup de clients sont persuadés que Frédéric est le patron de l'exploitation, et demandent même parfois à François d'être mis en relation avec lui. Point de rancune de la part du vrai patron, bien au contraire, il est fier de travailler avec cette équipe d'élite, et s'amuse de laisser circuler l'histoire. Il y a aussi Quentin, l'apprenti de dix-neuf ans, fan du rappeur Jul et de l'OM, vrai businessman qui ne loupe pas une occasion de négocier son weekend auprès de François pour s'échapper le temps d'un festival de rap en Belgique. Plus sérieusement, il a su faire ses preuves et se rendre indispensable dans le quotidien du labo. Il aime chanter, blaguer, et alimente la bonne ambiance dès sept heures du matin. Plus qu'un patron, François est pour lui un guide de vie, il l'aiguille dans ses projets scolaires, administratifs, personnels ou même amoureux. Enfin, Sophie, dernière recrue et voisine de Frédéric, est chargée du conditionnement et de l'emballage. Cette équipe de choc travaille à découper, transformer, valoriser, peser, emballer et vendre la viande des vaches et des biches élevées sur le site. Nous avons l'honneur de les rejoindre pour devenir, à notre tour, salariés du labo. J'enfile des crocs humides, qui par chance sont à ma taille, une charlotte en tissu, et boucle un tablier blanc imperméable. Une mission particulière et non des moindres nous attend : la préparation du bœuf cuit. L'objectif est de ne rien perdre en valorisant au maximum toute la carcasse. Après une cuisson de quatre heures des parties les moins « nobles » de l'animal, nous décortiquons la viande du gras afin de réaliser un émietté. « C'est bon et ça s'utilise à toutes les sauces. »

Alors que les employés s'activent à terminer leur travail du jour, François octroie à Ambre le privilège de chevaucher le tracteur-tondeuse afin de préparer la pelouse de toute la ferme pour la réception du lendemain. « Tu leur fais vraiment faire n'importe quoi à tes nouvelles stagiaires » le taquine Frédéric. Pendant ce temps-là, je file à la plonge. Contrairement à beaucoup, j'aime bien faire la vaisselle, la voir passer du sale au propre par le seul jeu de mes deux mains. Comment ne pas apprécier la satisfaction immédiate qu'elle procure ? Une étude de l'université de Floride la qualifie même de "pratique contemplative informelle". Cette médiation aquatique distrait, détend, déstresse, mais surtout rend un grand service à l'équipe, actuellement sous l'eau. Je m'amuse avec le pschitt de la salle de plonge, m'imagine dans la fameuse scène de Brice de Nice et réalise ensuite, un peu confuse, avoir transformé la pièce en piscine.

–Jour 3–

Ambre s'active dans tous les sens et dresse les assiettes avec une minutie que je ne lui connaissais pas. Il faut dire que pour accueillir les trente-deux convives du syndicat des jeunes agriculteurs du Maine-et-Loire, François s'est donné du mal : betteraves en sauce, civets de daguet au vin, crumble aux pommes. Dans nos bagages, point de chemisier, la faute aux bottes en caoutchouc et aux sacs de couchage volumineux. Pour assurer le service, nous ne pouvons compter que sur notre sourire pour faire oublier nos sweatshirts douteux. Les premiers verres de vin offerts par la sœur de François nous plongent rapidement dans l'ambiance festive du déjeuner qui nous attend.

*

Pour François, l'organisation d'une réception n'est pas une fantaisie de gala : on touche là au cœur de son intention en tant que producteur, qui est de créer un lien avec le consommateur, et de valoriser ses produits jusqu'au bout de la chaîne. Le service, les ateliers cuisine, la préparation de la salle, mécaniquement, rythmeront notre séjour, car c'est ce que François a de meilleur à offrir et ce dont il est le plus fier, l'aboutissement ultime de son travail.

La bonne nouvelle, c'est qu'on ne s'en sort pas si mal. Surtout lorsqu'il s'agit de repérer et remplir les verres vides de nos invités.

– Jour 5 –

CUMA : Coopérative d'Utilisation de Matériel Agricole. Aujourd'hui, c'est son assemblée générale. Tous les membres se réunissent pour l'élection du futur président, qui au vu de la composition de l'assemblée, ne devrait pas être une présidente. La guerre de tranchées commence : la génération des anciens s'oppose à la vision des plus jeunes. Ils se lèvent et tapent du poing sur la table. Dans le camp des vétérans, première défection : sur un désaccord, un sexagénaire quitte la table ronde avec fracas. Nous essayons de nous faire toutes discrètes, mais notre présence intrigue.

Nous ne sommes pas au fait des détails des tractations, mais entendons bien que les enjeux nous dépassent : les machines à mettre en partage peuvent coûter plusieurs centaines de milliers d'euros. Et décider des machines, c'est aussi décider des cultures. Qui sera favorisé, qui sera lésé ? Le déjeuner – une nouvelle fois gargantuesque – aidera à apaiser les tensions ; et puis, on ne prend pas de telles décisions à la va-vite. L'agriculteur est un ruminant comme les autres.

*

Passé le vacarme, le silence est assourdissant. Les jeunes pousses de luzerne se teintent des rayons orangés du soleil couchant. « Le plus beau coucher de soleil du monde », nous avait promis François ; il a tenu parole. Le spectacle est magique, naturel et gratuit.

Quelle chance d'être là, face à ce paysage idyllique et au sein de cette nouvelle colocation. Cette "coloc de jeunes" ravive chez François ses souvenirs d'années étudiantes en école d'ingénieur agronome. À vrai dire, notre joyeuse présence tombe à pic car notre Gentleman Farmer sort d'une période délicate de sa vie.

Alors âgé de 24 ans et fraîchement diplômé, François épouse Anne-Charlotte, une blonde enjouée dont il s'est épris alors qu'ils étaient étudiants. Il accepte alors un poste dans une coopérative, le temps de se constituer un bagage en agronomie et des économies. Les jeunes mariés profitent deux ans de ce confort, puis le rêve de François les rattrape : il doit devenir agriculteur, c'est l'évidence-même. Les planètes s'alignent rapidement, son solide profil d'ingénieur ainsi que la situation financière de sa femme, chercheuse, ne tardent pas à convaincre les banques de le suivre dans son projet. En 2018, il acquiert la ferme de Villaine, et ils s'installent tous les deux dans la maison située au cœur de l'exploitation. Casquette sur la tête et bottes aux pieds, François déborde d'énergie pour être à la hauteur des anciens propriétaires, mettre en place ses pratiques agricoles de conservation des sols, générer suffisamment de revenus pour garder ses salariés et être aux petits soins pour son cheptel. Toutefois, si la ferme de Villaine prospère et s'enjolive jour après jour, Anne-Charlotte, elle, se morfond face aux longues soirées d'attente, à l'absence de son mari le week-end et à l'isolement de la vie rurale. L'état de santé de la jeune mariée se détériore, et il n'y a plus d'autre issue que l'hospitalisation qui dure plusieurs semaines. À sa sortie de l'hôpital, le couple décide de divorcer.

Très attristé, François se retrouve seul dans sa grande maison devenue vide. Il accueille pendant quelques semaines un vieux copain, puis reçoit un message de « Sur le Champ » et accepte notre venue, non sans prévenir : « je préfère vous le dire, j'ai 29 ans et je suis toute juste célibataire, alors deux filles chez moi, ça va faire parler tout le village ». Touchées par son franc parler et confiantes en sa droiture, nous arrivons chez lui en octobre pour notre première immersion.

*

Ce soir, nous sommes invitées. Olivier, un ami agriculteur à la langue bien pendue, nous reçoit chez lui. C'est un personnage cru, provoquant mais attachant, qui met tout de suite à l'aise. Nous nous lançons dans une soirée confession, bas les masques pour tout le monde. Nos verres, jamais vides, délient les langues progressivement. Nous parlons de tout et de rien, de leur métier et de “la vie du bourg” comme ils disent. Olivier est éleveur dans l’âme, il a des chèvres, des vaches allaitantes et leurs veaux, et des chevaux de course. Il vient d’euthanasier une jument blessée au poumon par une branche. Elle souffrait d’un pneumothorax. Il camoufle son pincement au cœur : « je ne suis pas triste, c’est la vie ». Et nous ressert à tous une grande rasade.

« Mais vous avez fait HEC et vous venez là, elle est où l’embrouille ? Qu’est-ce que vous venez foutre ici ? » défie-t-il. Je décide alors de jouer cartes sur table. Je leur explique nos sincères motivations. Pourquoi avoir préféré la boue des fermes aux rémunérations alléchantes des cabinets de conseil ? Je me lance dans le début d’une tirade et la voilà qui s’enfle de mots, trop nombreux, trop rapprochés, qui cognent contre mes dents, la voilà qui s’enflamme de colère et de conviction. Je suis là parce que je suis révoltée. Parce que je ne comprends pas. Je ne comprends pas pourquoi le métier n’attire plus. Pourquoi les agriculteurs crèvent de faim. Pourquoi personne ne regarde. Parce que pour comprendre il faut vouloir voir, il faut creuser, il faut mettre les mains dans la terre. Et que les tours de la Défense sont trop hautes, trop loin de la terre.

J’ai à cœur qu’ils comprennent pourquoi nous sommes à leur table. Non pour tirer des images dévalorisantes d’élevage, non pour trouver l’amour dans les prés, mais tout simplement pour, nous aussi, apporter notre pierre à leur édifice, qui est à la fois magnifique et fragile dans le monde d’aujourd’hui. Dans un monde où ceux qui nous nourrissent ne parviennent plus à se nourrir eux-mêmes, notre place n’est-elle pas dans les champs plutôt qu’au sixième étage d’une tour ? Dans un monde où les géants de l’agroalimentaire ont pris le pouvoir sur les prix, les clés du changement ne se trouvent-elles pas dans les poches des étudiants de grandes écoles ? Dans un monde où les consommateurs deviennent consomm’acteurs en un déclic, comment résister à l’envie bouillonnante d’être l’étincelle qui embrase leur engagement ?

Nos deux éleveurs sont touchés, presque émus. Fidèle à lui-même, Olivier ne peut s'empêcher de garder son ton suspicieux, et nous lance : « si c'est pas ça qu'on voit dans le reportage, je vous retrouve et vous crève les pneus, je vous brûle votre appartement ».

Emmitouflées dans nos sacs de couchage, entre deux fous rires et le débrief de cette soirée folklorique, nous tentons de réfléchir au contenu de notre production cinématographique. Qu'allons-nous montrer ? Comment allons-nous raconter ce que nous voyons ? Édouard conseille de se mettre en avant, d'apparaître devant la caméra, de partager ses ressentis. Toutefois, ces aptitudes ne sont pas innées, et l'exercice est complexe. Mais la chance a placé François sur notre chemin, et qui plus est au tout début de l'aventure. Il oscille sans peine entre son rôle d'hôte et sa nouvelle mission de "consultant Sur le Champ", partageant ses conseils de grand frère avisé. Il nous préconise de parler ouvertement, avec la même honnêteté que celle montrée lors du dîner chez Olivier. Je crains parfois d'être un peu lisse devant la caméra, de me cantonner aux seuls aspects tout roses de notre démarche. Mais je garde confiance ; je suis persuadée que nos reportages évolueront avec le temps, au fil du récit de nos rencontres.

– Jour 6 –

Programme du jour : prestation traiteur pour "L'amicale des vieilles voitures de Beaugé". Le rôle de cuisinière-serveuse nous sied. Les antiquités bariolées paradent : klaxons, compliments aux biches, selfie-lama, le déjeuner peut commencer.

Chargées d'assiettes colorées, nous déambulons entre les tables sur les notes endiablées de l'accordéon. Les membres de ce club automobile, aux cheveux poivre et sel, ne loupent pas une occasion de se lever pendant le repas, pour battre le tempo et taper dans leurs mains : pour eux, c'est LA fête de l'année ! D'ailleurs, peut-être que ça l'est pour nous aussi. Nous ne savons pas vraiment de quoi sera faite cette année agricole, alors leur fête est aussi la nôtre. Ambre attrape sa guitare et, au son de sa douce voix, se charge de les faire danser de plus belle. Notre jeunesse, notre fraîcheur et notre joie de vivre les égaient, les illuminent, les rajeunissent.

–Jour 7–

Ce lundi matin est brumeux. Il est six heures et nous côtoyons la mort, de retour à l'abattoir de Sablé-sur-Sarthe. Nous venons déposer une vache de François et le veau d'un voisin. L'odeur métallique me provoque un haut-le-cœur. Les cheminées fument, les camions se succèdent, les animaux descendent, les uns derrière les autres, et disparaissent derrière une porte coulissante. Il fait moche.

–Jour 8–

Le réveil sonne, je me réveille, les paupières collées : je ne m'y suis toujours pas faite. Boulot numéro un : nourrir les vaches du deuxième site. Surprise : devant la maison, le portail d'accès aux prairies des cervidés est arraché, un poteau et un battant traînent au sol. Nous faisons l'appel : Vénus, Griotte et Oscar sont absents. Nous partons en chasse.

Après un rapide tour du corps de fermes et des prairies voisines, le stress monte. Nos fidèles compagnons semblent bel et bien partis en vadrouille. François pensait qu'ils se feraient un festin dans la grange à foin, comme d'habitude, malheureusement ils en ont décidé autrement. Il n'y a pas de temps à perdre. Deux ânes et un lama en liberté, c'est du jamais vu. Mais surtout quelle folie ! Les routes de campagne sont dangereuses, et cette petite troupe n'a pas l'habitude de les fréquenter.

« Auriez-vous vu passer un lama accompagné de deux ânes ? » Non, impossible d'imaginer poser cette question sérieusement, nous risquerions d'être prises pour les échappées d'un asile. François chevauche son quad tandis que nous montons à bord du Berlingo. Tout est possible, ouvrons bien les yeux. Nous scrutons les routes de campagne, les champs, les chemins et même les jardins. Mais rien, ou plutôt personne.

Chaque minute qui passe accentue la tension. Nous nous séparons pour accroître nos chances de mettre la main sur nos trois guignols. Bourrées d'adrénaline et d'anxiété, nous arpentons les routes baugeoises. Nous nous imaginons dans un mauvais James Bond, à la recherche d'un homme en fuite.

Le téléphone sonne, c'est François.

• Des empreintes de lama ont été repérées sur un chemin, mettez le cap sur La Bernardière.

• Reçu 7/7. À vos ordres capitaine.

Nous y sommes accueillis par le sourire de Jérémy, un futur agriculteur, ami de François. Il a été averti par son voisin. Ce dernier attendait le bus scolaire avec ses filles lorsqu'il a aperçu deux ânes et un lama dans un champ de maïs, à travers les épis. Les enfants ont dû avoir du succès en racontant l'anecdote à l'école. Nous pensions naïvement qu'une fois nos fuyards retrouvés, nous serions tirés d'affaire. Quelle présomption ! La partie la plus délicate ne fait que commencer : attraper deux ânes suivis d'un lama dans un champ de maïs d'une hauteur de deux mètres, c'est d'un autre niveau que les meilleures sessions d'*Interville*. Marie-Laure, la sœur de François, entonne des "bêêê bêêê" et tente de charmer nos amis avec un seau de granulés. Nous étouffons nos rires devant cette scène loufoque. Persévérance et chance nous offrent le soulagement d'enfiler un licol aux deux ânes. Heureusement, le lama suit aveuglément ses deux camarades. Nous tentons de les faire monter dans la bétaillère, mais c'est peine perdue. Nous capitulons. Les deux kilomètres et demi de retour se feront à pied. Nous vagabondons sur la départementale, François en tête, talonné par Griotte et Vénus, suivies d'Oscar le lama, un peu plus loin. Notre cortège atteint le paroxysme de l'absurde et nous fait rire tout au long du retour.

–Jour 10–

Aujourd'hui, nous fêtons l'anniversaire d'Ambre, et nous sommes gâtées : huit heures et quart, la grasse mat' tutoie des sommets inégalés. Le réveil n'en est pas moins brutal : François nous cueille à froid en nous annonçant une visite urgente chez son voisin Simon. Sa société a été liquidée, elle n'a pas survécu au Covid. Si Simon le taiseux ne s'ouvre pas plus que d'ordinaire, sa mère est plus loquace, et vient d'appeler François. Elle craint un suicide.

*

Fausse alerte. La bonne nouvelle ne suffit pas à dissiper la morosité dans laquelle a commencé la journée ; les festivités du dîner la feront un peu oublier. En ce 15 octobre, nous célébrons l'anniversaire autour d'une tartiflette fumante qui sent bon l'hiver. Il n'y a plus de saison.

Le futur associé Éric s'est joint à la fête. Pour cette soirée entre jeunes, François a aussi invité Alexandrine, la fille d'un couple d'amis agriculteurs dont l'exploitation est à quelques kilomètres de Beaugé. Après quelques échanges cordiaux, l'amitié se noue rapidement avec cette jeune fille aux yeux rieurs et à la peau bronzée par le soleil des champs. Elle prête main forte à l'exploitation familiale et organise l'équipe de saisonniers pour les récoltes. Animée par un souffle de liberté, elle planifie son envol, et prévoit de s'installer en Bretagne pour rejoindre son ami militaire et éventuellement s'essayer à l'ostréiculture.

Cette joyeuse soirée sonne le début d'une magnifique vingt-quatrième année pour Ambre, tandis que pour d'autres pointent les premiers battements d'un cœur amoureux. Nous apprendrons quelques mois plus tard, au cours d'un appel furtif de François, lui sur son tracteur, nous en vadrouille, qu'un coup de foudre réciproque eut lieu ce soir-là. Alexandrine n'est jamais allée élever ses huîtres, victime des beaux yeux de François, le Gentleman Farmer beaugeois.

–Jour 11–

Ambre se dépense comme si elle n'avait pas vieilli. Elle enchaîne les allers-retours en camion au marché les bras chargés de cagettes, met en vitrine derrière leurs étiquettes les faux-filets, rumstecks, jarrets, onglets, bavettes, entrecôtes, poitrines, palerons. Nous sommes au marché fermier de Saint-Sylvain, en soutien de Frédéric. La spécialité de Fred, c'est la viande à la découpe, mise sous vide pour favoriser la maturation, et accessoirement pour faciliter la vie du client. Quelques produits charcutiers, terrines, rillettes, saucissons, viandes séchées, accompagnent bien sûr la proposition de frais. Et puis nous reconnaissons au bout de l'étal les viandes en sauce et plats cuisinés sur lesquels nous avons tant lutté, en complément d'offre.

Les différents producteurs, matinaux et joyeux, discutent en attendant l'ouverture du marché. Producteurs de canards, de porcs, de légumes ou de miel, ils se retrouvent ici toutes les semaines pour vendre en direct le fruit de leur travail. À huit heures, les premiers clients sont déjà agglutinés. Derrière le comptoir, notre jeunesse intrigue, notre maladresse amuse, mais à la vue de la caméra, les mentons curieux replongent aussitôt au fond des cache-cols. Le mouvement de défiance est instinctif. Nos explications et notre inexpérience joviale finissent par décrisper les plus bavards, qui ne s'arrêtent plus de nous conter comment c'est ici, et en oublient leurs courses. Mais c'est un fait, la caméra clive. À ceux, nombreux, qui prennent soin de rester dans l'angle mort, nous réservons nos salutations les plus polies. Je ne m'attendais pas à une telle réserve, et je peine à la comprendre, tant elle contredit le naturel avenant des clients, hors champ. Si encore nous tournions un *Complément d'enquête* sur le business des maisons closes…

*

Aujourd'hui, nous avons décidé de rendre à François ce qu'il nous a donné : la générosité, les conseils, les attentions, les kilos en trop. Au moins un peu. Un cadeau attend notre jeune éleveur, passionné d'équitation. Aucun indice, seulement un horaire de départ. Il trépigne devant ce petit jeu enfantin et s'amuse de notre capacité à esquiver les questions. François monte à bord de notre carrosse.

Après quarante minutes de routes enchanteresses, nous arrivons devant les portes de Saumur. L'objet de notre voyage ne fait alors plus guère de doute, la sous-préfecture du Maine-et-Loire étant connue pour trois choses : son château, ses vins… et son école équestre, le célèbre Cadre Noir. En tant que cavalière moi-même, je peux dire que le gala de danse équine auquel nous assistons ce soir-là est proprement sublime. En tant qu'amie, que François est ému.

–Jour 12–

Aujourd'hui on s'aime. Ou plutôt on sème! "Blague d'agriculteurs", comme on dit par ici. L'humour agricole nous gagne, et nous n'en sommes pas peu fières. L'ingénieur agronome qui sommeille reprend ce matin possession de notre François, car sa tâche s'avère rudement méticuleuse. Malgré ses six petites heures de sommeil, il est concentré comme jamais, pianote sur la console, teste le débit du semoir, re-pianote, re-teste et re-pianote sans relâche.

Nous attendons la fin du récital en plongeant nos mains dans les sacs, jouant des petites billes entre nos doigts. Quand je sors une poignée des semences de blé que nous avons portées, je crois à une autre blague : elles sont roses et pailletées. Magnanime, l'ingénieur en chef détourne les yeux de son engin pour éclairer nos lanternes. Ce rose bonbon provient des fongicides utilisés pour protéger les semences des nuisibles. Attention, bien se laver les mains après manipulation, et laisser hors de la portée des enfants et des animaux, n'est-ce pas Ambre.

La rigueur de notre préparation n'a presque rien à envier à celle du Cadre Noir. Chacun à sa place, il faut que tout soit parfait avant le départ. Enfin, ça y est, ça marche! Le chef est content, on peut charger le reste des graines et filer à la parcelle. Au volant du Berlingo, nous suivons le rutilant tracteur John Deere sur la route. Sur ce lot, la luzerne gouverne. Plantée en juillet 2017, elle a trois ans et sert de couverture végétale pour la plantation du blé. François pourrait la faucher pour alimenter son bétail, mais, disposant d'un stock de nourriture suffisant, il préfère nourrir son "troisième cheptel", les vers de terre. C'est une méthode efficace et ingénieuse : la luzerne va constituer un paillage naturel sur la parcelle, permettant ainsi d'enrichir le sol en matière organique, et d'éviter la pousse d'adventice[2].

Cette technique fascinante est dénommée “semi sous couvert”. Elle est au cœur de “l’Agriculture de Conservation des Sols” ou “Agriculture Régénératrice”, cette troisième voie entre agriculture biologique et agriculture conventionnelle. Elle constitue le leitmotiv de François et place le sol au cœur du système de production. Et nous sommes justement venues à la ferme de Villaine pour découvrir cette pratique centrale de l’innovation agronomique. Sa philosophie repose sur trois piliers complémentaires: la couverture permanente du sol, le semis sans travail du sol, la diversité et la rotation des cultures. Il s’agit donc aussi de remplacer les rotations de cultures classiques, colza, blé, orge, par une plus grande palette de céréales, légumineuses et oléagineux. Pour notre ingénieur agronome, le calcul est vite fait: le développement et l’entretien de la minuscule faune qui fait vivre le sol est un choix logique et stratégique. De cette façon, en redonnant un rôle central à l’agronomie, l’agriculteur peut observer davantage ses cultures, réduire son utilisation de carburant et gagner du temps en supprimant le labour. Mais surtout, il améliore la capacité de stockage carbone de ses sols.

L’objectif de l’agriculture est de cultiver une certaine plante sans que d’autres végétaux ne l’empêchent de pousser. Pour ce faire, deux solutions s’offrent à nous: la chimie ou la mécanique. Notre agriculteur préfère la première à la deuxième pour chouchouter son précieux sol. Il s’agit de mettre des désherbants chimiques en très faible quantité pour éviter de labourer les parcelles. Rendons grâce à l’expert: « le sol est une maison, dans laquelle plein d’habitants cohabitent. En fonction des techniques que l’on utilise, on va sélectionner plus ou moins de ces habitants, qui sont plus ou moins sensibles à leur environnement et à ses variations. Il faut imaginer une maison avec un toit. Si on vient tout le temps l’abîmer, le dégrader, l’inonder, casser la toiture parce que le sol n’est pas couvert, les habitants, les mycorhizes, les champignons, les bactéries, les vers de terre, vont devoir tout reconstruire à chaque fois. Donc certains disparaissent. Par conséquent, on va sélectionner les animaux et les végétaux du sol qui sont les plus adaptés à l’environnement que l’on pratique, puisque c’est nous qui impactons l’environnement de la parcelle. Donc mon objectif est de conserver le toit de la maison, qu'il y ait toujours le gîte, le couvert et que les habitants se sentent bien ».

Visiblement, chez François la pension est bonne. L'aubergiste a fait analyser il y a peu son établissement par un expert du réseau ARBRE[3]. Verdict deux ans après son installation : un accroissement des populations d'insectes et de leur diversité sur toutes les parcelles. Un petit crapaud terricole friand des sols non travaillés y a même élu domicile, aérant le terrain de galeries souterraines. Le macaron Michelin n'est pas loin.

Une question, peut-être ingénue, demeure : « pourquoi ne pas passer en bio ? » Un changement aussi radical sur une exploitation est coûteux et risqué, impossible dans l'immédiat, mais c'est l'étape à venir, explique François. Pour l'heure, il a établi son ordre de priorités, et en haut de sa liste figure la préservation des sols, la relance d'un cycle vertueux délaissé par les anciens propriétaires. Le compromis n'est pas la mollesse, moins encore le renoncement, se défend-il. L'usage raisonnable de produits phytosanitaires et le pari sur la vie du sol est dans son cas la meilleure option, cohérente et fructueuse, le nécessaire premier pas d'un chemin qui prendra du temps.

–Jour 13–

La maison, la ferme, l'étable, les vaches, les portions de grains, le labo, les marchés, l'abattoir, les clients... Les lieux nous sont devenus familiers, l'ouvrage connu, les collègues autant de copains. Et tout ceci commence à prendre la forme rassurante d'une bonne vieille routine. François nous accorde sa confiance un peu plus chaque jour. Ce matin, c'est en autonomie que nous nourrissons les vaches.

Dans l'étable, deux rangées de museaux impatients nous pressent de verser la pitance, mais nous devons soigner notre distribution. Il faut dire qu'entre la précision des quantités et la variation des régimes selon les lots de vaches, avec le méteil grains, le mélange de céréales – triticale, blé, orge, avoine – les protéagineux – pois, féveroles – et les légumineuses – vesce – le travail requiert une concentration d'expert-comptable. Le brunch s'achève par un fin lit de mash, un mélange complet de matières premières non broyées.

Ce type de festin n'est pas le lot quotidien des bêtes. La plupart du temps, neuf mois sur douze exactement, les vaches se nourrissent d'herbe. Elles ne sont rentrées en bâtiment que pendant une courte période, pour préserver les prairies pendant l'hiver, chaque année, et aussi quelques mois avant leur réforme, quand elles approchent les trois ans, pour l'étape finale du processus d'élevage. Un terminus crucial qui confère un triple bénéfice avant abattage : tenir l'animal au chaud évite les blessures, réduit la dépense de calories, et l'alimentation céréalière garantit une viande de meilleure qualité.

Encore essoufflée par mes derniers coups de balai, je m'allonge sur une botte de paille, profitant des premiers rayons du soleil. Je sens le vent frais qui vient éveiller mes paupières, je respire, je souffle, il fait bon de vivre. Une limousine éternue à mon oreille. Les mots de François résonnent dans mon esprit, et prennent tout leur sens. La vision la plus durable de l'élevage est d'être polyculteur-éleveur au sein de systèmes complémentaires. Les couverts végétaux mis en place entre deux cultures sont pâturés par le bétail. Les herbivores remercient la parcelle pour ses délicieux mets en la nourrissant, en retour, de déjections. Un échange de bons procédés qui semble couler de source. Un système complet où élevage et cultures s'enlacent pour former un cercle vertueux, autonome et résilient.

*

Il fait beau, le soleil brille et se reflète sur les vitres du tracteur qui arpente la parcelle, rectangle par rectangle. Il aplatit, sème puis pulvérise, dans un sens puis dans l'autre. L'ampleur du travail nous dépasse. Le chef est concentré, et nous d'humeur rieuse. Il nous fait part d'un scoop qui nous permettra de briller dans les dîners mondains à notre retour en ville : « les filles, les vaches ne pètent pas, elles éructent ». En effet, le premier des huit estomacs de la vache, le rumen, digère les aliments à l'aide de micro-organismes, et libère ainsi du méthane.

–Jour 14–

« - Apporte les trois palettes avec leurs boulons. Et le vérin aussi s'il te plait ! »

Interdite, je fais face à tous ces objets aux formes asymétriques dont aucun ne se signale parmi la masse. « Un vérin, un vérin… » Je fouille dans ma mémoire et lui demande si ce terme bisyllabique fait écho. À côté, Ambre visse entre eux deux mystérieux objets, armée d'une machine rotative. « Pssst Ambre, tu sais ce que c'est, toi, un vérin ? » Nous nous regardons déconfites, consternées par notre inculture. Le ridicule du casse-tête pelotonne nos nerfs ; nous nous retenons d'éclater de rire. Les quelques heures que nous venons de passer à dévisser des boulons à l'aide d'une clé à pipe, les mains pleines de graisse, sont nos premiers pas dans la mécanique. Voilà d'autres lacunes que « Sur le Champ » finira bien par pallier. « L'agriculture, c'est la débrouille, on fait avec ce qu'on a ! »

–Jour 15–

Comme prévu, les imprévus se suivent. Voici le tour de la connexion internet. Non pas que nous ayons tellement le temps ou l'envie de scroller sur Instagram, mais le soir, pour plancher sur notre reportage, nous devons télécharger des vidéos lourdes de plusieurs gigas. Le hic ? La ferme de Villaine est en zone blanche et, après avoir épuisé les 70 Go de François et notre première recharge de 20 Go à 25 euros, le tout en une semaine, nous sommes à sec.

Forcées de trouver une solution, nous décidons de déménager nos bureaux à « Crève-Cœur », dite « la maison de la fibre », la seule des alentours dont la connexion vaille celle de la ville. « C'est vous les deux étudiantes ? » Les habitants nous connaissent déjà. Ce n'est pas tant l'hospitalité omniprésente que la familiarité naturelle de tous qui heurte par sa chaleur nos mœurs citadines, habituées à l'anonymat et à la retenue. Ici, rien de tout cela, puisqu'avec ou sans internet, tout circule, tout le monde se connaît, réseaux sociaux ou non. La fibre des petits patelins. Un mode de vie qui n'est certes pas avare de ses racontars, de ses « on-dit » à la bienveillance inégale, mais qui pose l'entraide en valeur cardinale. Quel urbain peut se targuer de pouvoir réveiller un voisin en pleine nuit pour lui faire enfiler une paire de bottes ?

L'initiative la plus symptomatique que nous ayons vue de cette solidarité rurale est sans doute la « mutuelle coup dur » à laquelle sont inscrits la plupart des cultivateurs du bourg. Avec son plan d'urgence pour pallier l'absence de l'exploitant en cas de raisons médicales ou familiales grâce à l'intervention bénévole des adhérents volontaires, les animaux et les récoltes demeurent pris en charge. Un exemple qui donne à des utopistes comme Ambre et moi des raisons de l'être.

–Jour 16–

Cette nuit, un vent dantesque fait frémir les arbres et hurler les feuilles. Nous ne parvenons pas à dormir, ni vraiment à discuter. Le ciel noir fait battre une pluie coupante qui chagrine la campagne obscure. Jusqu'au milieu de notre chambre, la tempête impose sa présence, nous oblige à chuchoter. Souvent, la nuit, Ambre rêve de ses amis, de ses collègues, de ses cousins. De ses soirées, de ses week-ends. Elle rit, s'amuse, danse, tourbillonne. Je la taquine en lui disant que sa vie sociale intense commence déjà à lui manquer, au point d'en rêver si fréquemment.

*

Le crissement de la machine à grain nous tire de nos assoupissements discontinus. La pluie s'est arrêtée, a laissé place à un brouillard dense et humide planant sur les prairies de pâture, un linceul blanchâtre sur la terre détrempée. Les rayons du soleil levant allument une à une les poussières scintillantes qui surplombent la paille de l'étable.

Il est l'heure de nourrir les vaches. Hier, nous en avons tiré onze nouvelles de la verdeur des prés pour les installer dans un box bétonné, pas une mince affaire. Dans une ambiance Top à la vachette, nous avons passé l'après-midi à jouer à un drôle de rugby, à trois contre onze. Limousine en vis-à-vis, avec un bâton de bois pour seul équipement, je n'étais pas fière. Après d'innombrables échecs et quelques coups de maître, il ne restait plus à l'extérieur que la cheffe de la troupe, la seule munie de cornes, la forte-tête. J'étais alors moins fière encore, plus habituée aux joueuses à tresses des terrains d'Île-de-France. François fit parler son expérience et, dans une acrobatie de corrida, mystifia la récalcitrante, parvenant enfin à l'arracher à sa pâture.

–Jour 17–

La distance cordiale qui nous séparait de François les premiers jours se franchit à pas de géant. Notre bœuf bourguignon nous paraît loin. Gonflé de travail et de confidences, le temps se dilate, mais les journées passent vite. Je ne sais plus si nous sommes arrivées hier ou l'année dernière. Entre les statuts de patron, collègue, colocataire et ami qu'assume alternativement ce cher François, les frontières se brouillent.

J'ai le sentiment que nous connaissons mutuellement les anecdotes les plus insignifiantes de nos vies, les moindres questionnements, les tracas les plus négligeables, et les autres aussi. Nous sommes parvenus à un niveau de détail qui frise le profilage. Je me surprends parfois : « Ah oui, bien sûr, Géraldine, la collègue de Francis, celle qui aime les grosses éponges, qui ne rate pas un match de volley ? »

Est-ce convenable ? Nous n'y avons pas réfléchi. Comment occuper autrement les longues heures de tracteur ? Notre enthousiasme, semble-t-il, nous a emporté. Encore une chose que nous n'avions pas prévu en partant à l'aventure. La liste s'allonge. Nous faisons confiance à nos intuitions et au fidèle travail de notre bonne étoile. L'histoire nous échappe, et devance nos espérances.

–Jour 18–

Au marché, Ambre fait une surprenante bouchère. Dans son tablier floqué Ferme de Villaine, elle enchaîne les clients avec l'entrain du bizut. La file s'allonge, et elle continue de peser, d'emballer, de remercier et de sourire avec la même énergie. À chaque commande, ses steaks hachés s'arrondissent, ses pesées se précisent, à tâtons. « 280 grammes de chair à saucisse, s'il vous plaît ». Un peu plus, un peu moins, encore un peu plus… 280 grammes ! Le juste prix de la saucisse. Les hésitations du manège distraient les clients devenus insoucieux de leur attente.

La réflexion circulaire, l'inlassable mantra de François, se déploie jusque dans la valorisation locale de ses produits et dans le lien avec le consommateur, au-delà du strict cadre productif. Le marché en direct n'est d'ailleurs pas son seul débouché, il livre aussi cinq cantines scolaires du coin, comme celle de Savigné où travaille Sylvie, qui s'escrime à proposer chaque jour aux écoliers des repas équilibrés à base de produits locaux et de saison. L'éducation culinaire, la transmission des principes d'une alimentation saine et respectueuse de la terre sont chers à notre éleveur. Comment pourrait-il en être autrement, quand ils dictent son travail et son existence ?

–Jour 19–

François nous a encore concocté une de ses surprises. Voilà plusieurs jours qu'il distille des indices, mais il a réussi à tenir son secret. À l'église de Pontigné nous attend Michel, ancien colonel à l'allure toujours martiale et gardien immortel de ce sanctuaire au clocher tors, pour une visite rarissime. Ce clocher du XIIe siècle aux flèches spiralées est en effet une particularité peu commune : on n'en dénombrerait qu'une centaine à travers l'Europe. Ces édifices, dont on ne sait jamais avec certitude s'ils sont d'origine volontaire ou accidentelle, ont toujours fasciné par leurs sinuosités hypnotiques.

Après avoir parcouru le chœur, la nef et le transept, nous sommes autorisés à parvenir au cœur du mystère. Montant les marches quatre à quatre, l'octogénaire guindé retrouve ses jambes de vingt ans pour nous ouvrir la voie. À sa suite, je gravis l'escalier en pierre qui mène au clocher, slalomant entre les pigeons morts et les déjections jusqu'à une échelle en bois dont on n'ose demander l'âge. Du haut de son mètre quatre-vingt-cinq, François souffre plus encore du chemin escarpé ; il goûte aussi à sa première dans ce nid saugrenu. Un passage étroit, et voilà l'étonnante charpente et son colloque de piafs. Peu ont eu le privilège de grimper jusqu'ici, dans la magie du clocher tors ; je savoure cet honneur en équilibre sur une poutre, entre deux compères pigeons. Le lourd manteau de tuiles d'ardoise enveloppe de ses écailles bleuâtres l'entrelacs boisé des combles et leurs visiteurs importuns. Nous n'osons plus parler. Le toit torsadé éteint le bruit du monde pour tout laisser au froissement des ailes et aux craquements des planches.

–Jour 20–

Elle pèse cent kilos et mesure plus de deux mètres de haut, mais est plus rapide qu'une lionne sur les courtes distances avec des pointes à 90 km/h ; c'est aussi une championne du saut de haies, avec une détente de plus d'un mètre cinquante de haut pour quatre de long ; plus sportive qu'intellectuelle, la taille de ses yeux dépasse celle de son cerveau ; équipée d'ailes mais ancrée sur la terre, ses plumes, ses œufs et son cuir séduisent plus d'un consommateur. J'ai bien nommé l'animal qui picore actuellement quelques grains dans ma main : l'autruche. Bienvenue chez Mika, ouvrier dans une fabrique de papier le jour et éleveur d'autruches le soir. Son activité est très réglementée, considérée dangereuse par la loi française : elle nécessite l'obtention d'un « certificat de capacité pour l'entretien d'animaux non domestiques ». De fait, un coup de patte d'une de ses ballerines suffirait à perforer un thorax humain ; une information qui n'est pas pour me détendre, mais qui n'effraie pas le fils de Mika qui, du haut de ses trois ans, court gaiement après les oiseaux géants.

La visite de cet élevage hors du commun était un passage obligé de notre séjour, avoue François. D'ailleurs, ce n'est pas qu'un hobby farfelu pour son voisin Mika : la viande d'autruche, qui représente 30% de la carcasse, se vend 45 euros du kilo, un revenu complémentaire non négligeable. Sa femme valorise aussi les épaisses coquilles d'œufs en bijoux et objets décoratifs, s'inscrivant dans une tradition d'au moins 60 000 ans selon les fouilles menées en Afrique australe. Le menu du dîner ne nous surprendra donc pas : ce sera steak d'autruche pour tout le monde. François en aura troqué pour nous contre quelques filets de daguet. Bilan : un goût proche du bœuf, et une tendreté incomparable.

– Jour 21 –

François est éleveur, pas naisseur. Entre la gestion des cultures et le soin du cheptel, ses domaines d'expertise sont déjà assez variés pour qu'il ne s'éparpille davantage – Rescue, le veau adopté et chéri, est un cas à part. Il achète donc ses génisses à l'âge de 8 mois, et a un critère non négociable : les bêtes doivent exclusivement être nées dans le Maine-et-Loire. On ne transige pas avec le local.

Aujourd'hui, c'est justement jour de casting. La tournée de repérage nous emmène à la ferme de Loïc. Les jeunes velles[4] défilent sous l'œil scrutateur de l'éleveur rompu aux podiums, qui sonde les filles à la recherche des pépites, des nouvelles stars du troupeau. De la qualité du sabot à la rondeur de la croupe, tout est pris en compte, soupesé, décortiqué. Mais comme dans les concours de miss, les professionnels eux-mêmes ne peuvent faire abstraction de leur part de subjectivité, et un rien dans la démarche, le sentiment irrationnel d'un style, d'un caractère, peut faire pencher le cœur de l'expert.

Sur le chemin du retour, nous faisons un petit crochet pour dire bonjour à Olivier, qui se réjouit de notre venue. Il lance à François : « ah, t'y es allé avec tes bombasses au défilé ? T'as eu un prix du coup ? » Ambre manque de s'étouffer de rire dans le revers de sa polaire.

*

Le rendez-vous hebdomadaire du lundi à l'abattoir m'était complètement sorti de la tête. Aux deux extrémités du cycle, la journée prend un tour symbolique.

François fait abattre ici une bête chaque semaine. Il se fie à cet abattoir, le plus gros de la région, car il connaît ses méthodes. Ici est pratiquée la technique dite « traditionnelle », la plus respectueuse du bien-être animal selon l'éleveur : l'animal est d'abord étourdi à l'aide d'un Matador, un pistolet percuteur. Une fois vérifié son état d'inconscience, un opérateur procède à la saignée. Dans les autres techniques, notamment casher ou halal, la vache entre dans un tonneau hydraulique, dirigé vers Jérusalem ou La Mecque, qui tourne à 180 degrés pour positionner l'animal les pattes en l'air, moment où il est alors saigné et où une prière est déclamée. Pour François, la difficulté vient du fait que la plupart des abattoirs maintiennent les techniques d'abattage rituel y compris pour la vente « standard », car le vide sanitaire requis entre les différents procédés complexifie l'organisation. Alors pour avoir accès à la méthode traditionnelle à coup sûr, François a choisi un abattoir à plus d'une heure et demie de route de sa ferme. Sa vocation d'éleveur, ses efforts pour assurer le bien-être de ses animaux, les années passées en leur compagnie conditionnent son engagement de leur naissance à leur mort, qu'il veut digne du respect qu'il leur témoigne.

En trois semaines, je me suis déjà attachée aux bêtes. Je comprends la persévérance de François, son entêtement. J'ai suivi avec attention les avancées récentes sur le sujet de l'abattage, et elles ne manquent pas. Pour n'en citer qu'une, le projet d'Émilie Jeannin, éleveuse de charolaises en Côte-d'Or, porte les espoirs de la profession. Après cinq années d'acharnement politique, elle a obtenu la légalisation des abattoirs mobiles en France. L'avantage ? Trois semi-remorques suffisent à rendre accessible partout la méthode traditionnelle, les éleveurs qui le souhaitent pouvant en plus accompagner l'animal jusqu'à ses derniers instants, diminuant ainsi le stress pré-mortem et offrant une plus grande transparence au consommateur.

La mort est intimidante – qui soutiendrait le contraire ? – mais je crois qu'à leur place, je préférerais la voir de mes propres yeux. Quand la modernité occulte la mort et l'efface du vécu social, il me paraît essentiel de rappeler une banalité devenue tabou pour nous, humains du XXIe siècle : la mort fait partie de la vie. Elle est une étape centrale de l'appréhension de notre alimentation, puisqu'elle marque la transformation de l'animal en aliment. C'est sa mise au ban, dans d'immenses abattoirs reculés qui, loin de nous préserver de sa brutalité jugée avilissante, déshumanise notre rapport aux animaux. La disparition de ce chaînon de notre univers conscient diminue la valeur que nous accordons à ce qui se retrouve dans nos assiettes. Mais rien n'est jamais gratuit : la condition des éleveurs, des animaux, et la qualité de nos repas s'acquittent de notre dette. Nous en payons tous le prix.

*

Lundi soir rime avec *L'amour est dans le pré*. En compagnie de François, cette émission dépasse le simple jeu de séduction, et revêt un tout autre intérêt. Nous analysons les agriculteurs, leur matériel, leur installation, l'allure de leur troupeau. Tout est sujet à commentaires et les questions fusent. L'émission devient le prétexte à un vrai cours agricole pour les deux étudiantes que nous sommes. Et puis ses commentaires nous amusent. « Il a un bel engin ! C'est un convoi d'enfer qu'il a, avec sa remorque à fond surélevé ». Sa sœur, Marie-Laure, lui suggère souvent implicitement de s'inscrire à l'émission. Mais François s'y refuse.

–Jour 23–

Ambre charge les rushs sur les disques durs, pendant qu'aspirateur en main, je parcours tous les recoins de cette grande maison où nous avons fait notre nid. Nous souhaiterions prolonger encore et encore le séjour dans ce doux logis où nous nous sentons bien, en phase avec notre hôte et en harmonie avec la nature environnante. François est ému à l'idée de nous voir partir, lui aussi s'est attaché à cette amusante coloc'.

Devant le coffre de notre C3, notre hôte nous tend les bras. Il ne s'est pas encore fait à l'idée de notre départ. Nous non plus, à vrai dire. Et ce n'est que le premier d'une longue série. Mieux vaut ne pas traîner, couper court à la solennité forcée des adieux, à leur tristesse pesante aussi. Nous emportons avec nous l'idée de la cohérence globale d'une ferme, avec ses produits uniques et 100% locaux, son agriculture qui n'oublie rien ni personne, des sols aux élèves de maternelle, ses employés dévoués, son jeune agriculteur aux mille casquettes, de l'étable au tracteur, des cuisines aux fichiers Excel. Leur combat quotidien pour le rêve étonnamment pragmatique d'une production harmonieuse. Et l'amitié de François.

Direction le Finistère.

–Jour 24–

Du Maine-et-Loire à la Bretagne, la magie de l'imprévu guide notre voyage au rythme des départementales champêtres et sinueuses. Finie l'autoroute, nous enclenchons la troisième vitesse pour les trois prochaines heures. Tout est prétexte à la pause : une petite chapelle en pierre, un château, une rivière. Chaque arrêt est un plaisir qui nourrit notre faim de découverte, à la recherche des petites perles de notre patrimoine. C'est là qu'est né notre fameux concept de "VAC", les trois lettres de la liberté frugale pour l'équipe Sur le Champ, l'acronyme de "Voyage À la Cool" : un esprit d'itinérance qui s'offre le luxe de la lenteur. À Bains-sur-Oust, une ancienne ferme devenue gîte nous accueille pour une nuit en cabane surélevée, abritée par la voie lactée, étincelante.

*

Nous célébrons notre arrivée dans le Finistère par un plouf glacial et vivifiant dans la mer agitée. La tempête souffle et l'Atlantique est déchaîné.

Notes

1. Mélange de céréales et de légumineuses destiné à l'alimentation du bétail.

2. Une adventice, appelée également « mauvaise herbe », désigne, pour les agriculteurs et les jardiniers, une plante qui pousse dans un endroit (champ, massif...) sans y avoir été intentionnellement installée.

3. Agriculteur Respectueux de la Biodiversité et de l'Environnement. Ces agriculteurs, qui ont initié le mouvement en Maine-et-Loire, sont volontaires pour intégrer les atouts de la biodiversité dans leurs outils de production et ainsi répondre à des enjeux agricoles (auxiliaires, érosion, pollinisation...) et de territoires (qualité de l'eau, paysage...) dans un équilibre gagnant-gagnant.

4. Veau femelle.

Chapitre Deux
Le Meunier de Saint They – Chez Stéphane et Stéphanie – Finistère

Un couple au four et au Moulin, innover pour contrôler la chaîne de production de A à Z.

–Jour 30–

Le tintement du moulin résonne dans la cour. Un bâtiment blanc au toit pointu fait face à une maison du XIXe siècle. La nuit tombe et Stéphane travaille encore. Ses sourcils expressifs blanchis par la farine viennent réveiller ses yeux bruns. « Avant, ici, il y avait des cochons » explique le jeune meunier installé depuis six ans. À la place, deux meules de pierre extraient maintenant une poudre blanche et douce.

À quelques kilomètres, Stéphanie, les mains dans le pétrin, répète des gestes encore hésitants. Ses yeux rieurs égayent le sillon sombre de ses cernes et quelques cheveux noirs s'échappent de son bandana à pois blancs. Elle malaxe, pétrit, arrondit et aplatit la pâte élastique. La jeune femme soulève un peu maladroitement la lourde pelle en bois et entrouvre le four. Une délicieuse odeur s'en échappe. La répétition générale se déroule chaque soir dans les cuisines de l'échoppe tout juste rachetée. Dans une semaine, Stéphanie sera boulangère. Elle a quitté sa blouse blanche et ses crocs d'aide-soignante pour revêtir un nouveau tablier. Elle préfère désormais prendre soin des hommes au tout début de la chaîne, en leur offrant un pain quotidien sain, bio et local, et agir ainsi sur le premier maillon de la santé, la nutrition. Prévenir plutôt que guérir, telle est sa devise. Sans oublier son autre ambition : valoriser le travail aux champs et transformer la farine de son mari.

À l'étage, Stelia, Steve et Stérenne chahutent. Cette belle équipe, dont les membres sont âgés respectivement de onze, huit et quatre ans, s'impatiente. Les trois enfants Moalic s'agitent dans leur nouvelle maison. Ils viennent de quitter leur caravane sur la ferme pour ce nouveau trois pièces au-dessus de la boulangerie. Ils profitent de l'espace, explorent chaque recoin, et s'étalent sur le canapé. Leur chat de ferme, Rihanna, semble moins enthousiaste. Elle miaule au rebord de la fenêtre.

– Jour 31 –

La ferme se dévoile enfin à nous de jour. Sa meunerie attire tout particulièrement l'œil, car nous sommes en novembre, et les moissons estivales ont ôté aux champs leur manteaux dorés. Les parcelles sont au repos dans l'attente d'être semées.

Stéphane enfile sa blouse blanche, nous initie au tri du grain, et explique le fonctionnement de la minoterie, au rythme du "clic-clic" qu'elle fait en continu. Deux meules de pierre tournent au centre du hangar. Tout a été réfléchi astucieusement. Le grain glisse par gravité dans un tuyau et arrive dans un grand entonnoir à la forme pyramidale, c'est la trémie. Elle stocke le grain en attendant qu'il descende dans une gouttière, l'auget, qui le déverse dans l'œil du moulin. La meule dormante, fixe, épouse la meule tournante en mouvement. Les pierres meulières ont été sculptées en forme circulaire dans le granit du Tarn. Presque planes, elles sont habillées de rainures dans lesquelles vient se loger le grain. Emporté par la danse de la meule, celui-ci voyage de l'une à l'autre et s'écrase petit à petit. Cette méthode datant du siècle de Périclès[1] fascine immanquablement, par son caractère intemporel et sommaire. La simple rotation d'une pierre sur une autre donne naissance à l'ingrédient essentiel de notre pain quotidien.

Stéphane en profite pour ajuster la vitesse de descente du grain entre les deux meules en tournant une manivelle. « Tournez la manivelle et la farine sera » nous sourit-il. Au sortir de la meule, la grossière poudre de grain passe à travers une bluterie qui sépare la farine du son. Ce tamis conditionne à lui seul la durée du processus de fabrication. Il projette la farine sur un drap de coton aux mailles plus ou moins larges, dont ressort le magnifique or blanc, fruit du travail du paysan meunier. Chaque meule produit à elle seule 200 à 300 kilos de farine par jour. Stéphane a fait le choix de les faire tourner uniquement en journée pour dormir sans craindre que son moulin batte trop vite ou trop fort.

Un grand tableau Velleda orne le mur principal de la meunerie. Des noms suivis de chiffres y sont inscrits ; c'est la liste de commandes de farine. Les clients en attente sont nombreux : La Vie Claire et À vos papilles à Plouhinec, l'épicerie Chez Céline et Ma Pizzeria à Douarnenez, l'épicerie boulangerie Le Safran à Pont-Croix, la Manufacture Larnicol à Pont-Aven, l'épicerie Au comptoir d'Aurélie à Briec, la boulangerie Jain à Tréboul… Stéphane pointe le tableau avec excitation : « ce que je produis, je le transforme et surtout, je sais à qui je le vends ! », s'exclame-t-il.

Au vu de la longueur de la liste, il n'y a pas de temps à perdre. Action, réaction ! Nous voilà déjà chacune munies d'une pelle à farine dans une main et d'un sac dans l'autre. Mais attention à ne pas aller trop vite : les farines se ressemblent mais ne s'équivalent pas ! Stéphane adapte la largeur des mailles de son tamis pour produire différentes sortes de farine de froment : T65, T80, T110, T150. Le T définit le taux de cendre, autrement dit la matière minérale présente dans les sons[2]. C'est facile à retenir : une farine T65 a un taux de cendre d'environ 0,65%, et plus on augmente en T, plus la farine est complète, car on retire moins de parties au grain. Chaque farine a d'ailleurs ses atouts en cuisine : la T65 est très utilisée pour la confection de pizza, tandis que la T110 est celle des pains complets.

Mais intolérants et allergiques, méfiez-vous ! Dans ces lots de farines se trouvent à la fois vos bourreaux et vos sauveurs, et derrière une seule lettre se cache l'auteur de vos maux d'estomac. Le T fait en effet varier la proportion de gluten dans la farine ; une T65 en contient ainsi bien plus qu'une T110. Ce vilain gluten porte bien son nom car il agit comme une glue qui colmate les échanges et complique l'absorption des nutriments par notre organisme. Heureusement, Stéphane a pensé à tout et à tout le monde. Sa farine de sarrasin réjouit les "sans-gluten" tandis que ses méthodes traditionnelles de mouture offrent une farine naturelle, classique mais bien moins chargée en gluten que ses consœurs industrielles.

*

Un couple de boulangers vient d'arriver pour récupérer sa commande de farine. Ils font du pain bio avec un four à bois et le vendent le dimanche au marché. Ils exercent le métier depuis peu et en sont très fiers. La dame au bonnet en laine explique qu'elle vient de faire l'acquisition de deux hectares de terre. Elle prévoit d'y faire pousser son blé puis de le confier à Stéphane pour sa transformation en farine, avant de la récupérer pour la confection de son pain. Nous échangeons avec passion au sujet de l'entraide entre agriculteurs et artisans. Stéphane rebondit en leur proposant de relayer leur communication sur les réseaux. Cette solidarité leur paraît novatrice : il semble que les "anciens" préféraient posséder en propre chaque outil de travail.

La boulangère, inquiète, aborde la question du covid. À l'école, ses petits-enfants sont séparés dans des "cases" en classe et il leur est interdit d'aller retrouver leurs copains pour aller jouer à la récréation. Les événements actuels, juge-t-elle, quoique pour des raisons sanitaires évidentes, risquent de détricoter la sociabilité des jeunes et ainsi de mettre en péril ce travail d'entraide et de camaraderie initié par la nouvelle génération d'agriculteurs dont ils sont les représentants.

*

C'est un grand jour pour Stéphane et Stéphanie. Ils se rendent cet après-midi à Quimper pour signer la reprise du fonds de commerce de la boulangerie avec le notaire. « Ça fait un an qu'on s'y prépare ! » Ils pétillent d'excitation. Les yeux de la future boulangère brillent, c'est son rêve qui se concrétise. Mais pour le moment, ils sont surtout déjà en retard à leur rendez-vous. « Ne perdez pas plus de temps, filez ! »

*

Les enfants couchés, les parents décompressent et partagent un dîner simple et revigorant. Ces moments de repos se font rares. "Copain", en ancien français, désigne celui avec qui on partage le pain. Nous allons donc devenir copains facilement avec la famille Moalic, puisque le pain est au rendez-vous trois fois par jour. À vrai dire, il constitue même la base de la majorité des repas. Et ici, on mange bio. Il y a encore deux jours, les Moalic vivaient dans une caravane, disposant de peu pour cuisiner, se laver, et stocker leurs petites affaires, mais sur la nourriture, ils ne lésinent jamais.

Nous discutons en chuchotant dans la cuisine pour ne pas réveiller les trois petits anges blottis dans les bras de Morphée. Notre jeune couple se confie et se met à nu devant nos jeunes oreilles, attentives et compatissantes. Ils partagent avec émotion les galères de leurs dernières années, la précarité de leur habitat sur la ferme, leurs menues finances, leur manque d'intimité... « On mangeait des crêpes à tous les repas ! » nous avoue Stéphanie, la mâchoire serrée. « Ce n'était pas facile, mais nous n'avions que ça, de la farine gratuite », ajoute-t-elle avec un optimisme à toute épreuve. La vie est loin d'être simple pour ces amoureux dont les épaules sont quotidiennement mises à l'épreuve par le poids de leur choix et de leur engagement. Jusqu'à présent, le salaire d'aide-soignante de Stéphanie faisait vivre la famille tandis que Stéphane, aux champs et au moulin, se battait pour réaliser ses rêves de meunier. Leurs astreintes professionnelles, couplées aux contraintes familiales, faisaient mauvais ménage. Les nuits étaient courtes, les enfants souvent en retard à l'école, et les allers-retours au CHU de Quimper de plus en plus pesants. Les souvenirs de cette vie rude, dont ils tournent ce soir la page, émeuvent nos Steph et Steph.

Mais aujourd'hui, nous fêtons la signature, alors c'est l'heure de ranger les mouchoirs et de faire place aux réjouissances ! Nous sortons la bouteille de crémant que nous leur avions offerte à notre arrivée. Ils nous initient à leurs soirées crêpes : la pâte à crêpe de sarrasin épouse la forme du traditionnel billig, un œuf garnit le centre, une généreuse poignée de fromage agrémente le tout tandis que quelques émincés de jambon viennent colorer ce délice breton. Sans oublier le beurre, beaucoup de beurre.

La magie du crémant opérant, les langues se délient et Stéphanie se lance dans les histoires de famille. Je suis transportée par la complicité de ce jeune couple, déjà si attachant. Ils s'échangent des regards intenses, se comprennent sans mot dire. Unis par le mariage à l'âge de vingt-quatre ans, leur amour est désormais une évidence pour tous. Ce n'était pourtant pas gagné d'avance : Stéphanie, qui déborde d'admiration et d'un amour incommensurable pour son mari, a subi, à leurs débuts, la perplexité de ses proches. Elle a dû affronter à maintes reprises leurs mises en garde inquiètes, leurs avertissements raisonnables : « tu es sûre de ce que tu fais, Steph ? Il est quand même agriculteur ! » Ses parents auraient préféré un gendarme, un militaire, un médecin... En d'autres termes, la stabilité, les trente-cinq heures, la reconnaissance sociale. Toutefois, Cupidon en avait décidé autrement. Et il ne semble pas s'être trop trompé.

*

Moalic signifie "petit chauve" en breton. Je vous rassure, les cinq Moalic ont encore tous leurs cheveux, et notre caméra se délecte de leurs tignasses.

–Jour 33–

Le réveil sonne à trois heures trente. Il pique. Il pique vraiment beaucoup. C'est même sûrement le réveil le plus piquant de notre aventure. Pour notre plus grand bonheur, la boulangerie est juste en-dessous. Douarnenez est encore endormie, mais Stéphanie est déjà active aux fourneaux. Une vie à deux vitesses s'installe. Le travail manuel m'aide à sortir de ma léthargie : mon esprit est encore tout embué de rêves, mais mes mains s'activent, machinalement. Stéphanie montre l'exemple, débutante mais habile, douce et souriante malgré la fatigue accumulée des derniers jours. Les nuits sont courtes car les échéances arrivent vite : nous sommes déjà à J-3 de l'ouverture de la boulangerie. La jeune boulangère tire sur ses nerfs, mais elle tient, et surtout reste positive. Son rêve prend forme ; on ne lui enlèvera pas.

Elle prépare son pétrin avec minutie et concentration. De l'eau, de la farine, du levain. Ces gestes, elle les a appris, visualisés puis pratiqués dans plusieurs boulangeries au cours de ses stages. Elle les connaît par cœur. Je regarde la pâte tourner dans la cuve et dessiner des spirales. C'est hypnotisant. Après quelques minutes d'absence, je lève enfin les yeux. Le visage de Stéphanie est crispé. Ses lèvres se serrent, sa mâchoire se contracte. Elle n'est pas satisfaite de son pétrin. Un manque d'eau ? Les mains sur le front, elle note, calcule, et recalcule. Tant pis pour aujourd'hui, on fera mieux demain. À ses côtés, je pétris de mon mieux, fends et enfourne les séries de pain. Puis je suis formée aux viennoiseries : aplatir, découper, placer le chocolat puis rouler. Le même mouvement rigoureux à répéter. Finalement, je me sens plutôt dans mon élément. J'ai peut-être cela dans le sang ? Sous l'Ancien Régime, les Fournier étaient chargés de cuire le pain dans le four collectif appartenant au Seigneur. Les sujets banniers payaient un fournage aux Fourniers, autrement dit une redevance en pain ou en argent en échange de la cuisson. Mes ancêtres doivent bien s'amuser là-haut, à me regarder ramer avec tous les ustensiles de ce grand four moderne.

La boulangerie n'a pas encore ouvert mais Stéphanie travaille déjà à approvisionner certains clients : elle a pris la suite des partenariats qu'avaient développés les cédants. Un bon moyen pour s'entraîner avant le jour J. Ambre compte les baguettes, place les lots dans les sacs et écrit leur destination. Aujourd'hui, nous livrerons le lycée Jean-Marie Le Bris de Douarnenez ainsi que la Cuisine centrale communale, Netto et Intermarché.

Les commandes préparées, la fatigue nous gagne. Les yeux d'Ambre se ferment tout seuls. Pas évident de prendre le pli du rythme de boulanger. La chance que nous avons, c'est de n'avoir qu'un escalier à grimper pour nous recoucher. Au deuxième réveil, de délicieux pains au chocolat confectionnés et cuits le matin même nous sortent du lit. Un vrai régal ! Difficile de s'arrêter, surtout quand c'est illimité.

–Jour 34–

Aujourd'hui, le grand chantier des finitions accapare toute la famille. Alors qu'Ambre et Stelia apposent une dernière couche de peinture sur l'étagère, je m'active au ménage avec l'aide de Stérenne. « Il faut que ça brille ! », m'ordonne gaiement la jeune ménagère du haut de ses quatre ans. De ses petites mains, elle essaye tant bien que mal de retrousser ses manches et d'essorer une lavette plus grande qu'elle.

Les enfants sont fiers. Nous préparons le déjeuner et nous improvisons mamans de substitution pendant quelques heures. Ambre donne la becquée à Stérenne qui grimace. Steve affirme que plus tard, il souhaite devenir meunier, et Stelia, elle, boulangère-pâtissière-chocolatière. Artiste, elle aime créer, dessiner, peaufiner, autant de qualités qui feront d'elle une très bonne chocolatière. Stérenne quant à elle aspire à devenir chanteuse-danseuse, enfin plus exactement chanteuse-danseuse & Reine des Neiges. C'est touchant de voir ces enfants admiratifs et inspirés par le travail de leurs parents. Avoir un papa et une maman qui se mettent en quatre pour nourrir sainement leurs voisins ne laisse pas de place aux caprices et aux pleurnicheurs. Les enfants Moalic l'ont bien compris. Ils s'adaptent, soutiennent et sourient aux joies des projets familiaux. À la maison, point de playstation onéreuse ni de tablette, mais la solidarité qui se dégage de cette fratrie n'a pas de prix.

Cet après-midi, après une deuxième sieste inévitable, nous prenons le chemin de la boulangerie avec le plein d'énergie pour un grand ménage en cuisine. Trois émissions de télé bien connues sont combinées en une : *D&CO*, *Cauchemar en cuisine* et *C'est du propre !* Nous déplaçons les meubles, aspirons la poussière, nettoyons le sol, astiquons les boîtes. Il faut s'y mettre avec acharnement, car on sent que la poussière s'est accumulée depuis très longtemps. Alors on ne lésine pas. Mais quelle satisfaction, enfin, de constater tous ces changements, et surtout de voir un large sourire se dessiner sur le visage de Stéphanie qui, surmenée par les commandes et son installation personnelle et professionnelle, n'a pas encore pu prendre le temps de s'atteler à ces travaux de second plan. Elle repense l'organisation du labo de manière plus intelligente, pour rapprocher la balance du mélangeur oblique par exemple. Dominique et Isabelle sonnent à la porte de la boulangerie. Il y a encore une semaine, ils étaient à la place de Stéphanie. Depuis, ils accompagnent la future boulangère dans la transition, lui transmettent leurs astuces, l'aiguillent et la forment. Dominique s'est d'ailleurs engagé à continuer de travailler avec Stéphanie pendant quelques mois pour qu'elle bénéficie de son savoir-faire.

*

Un courrier officiel est posé sur la table de la cuisine. Stéphanie se précipite sur l'enveloppe et s'empresse de lire la lettre ; c'est l'URSSAF[3]. Les yeux de la future cheffe d'entreprise se remplissent de larmes. Je ne pensais pas qu'une demande de cotisations pouvait provoquer autant d'émotions. Mais pour Stéphanie, tenir cette lettre entre ses mains est la preuve tangible du début de sa nouvelle vie. Une attestation noir sur blanc que demain, elle sera à son compte. L'empreinte indélébile de sa reconversion sur les comptes de la sécurité sociale.

*

Stéphanie s'accorde enfin une mini pause. Le dîner nous offre un moment rare où nous sommes tous les sept réunis autour d'une table. Les enfants assommés par les épopées du jour la quittent néanmoins rapidement pour se reposer. Nous nous lançons dans une soirée souvenirs. Stéphanie sort les albums photos, et nous retrace brièvement dix-sept ans d'amour. Les photos défilent sous nos yeux, comme les moments de vie : le jour de leur rencontre, celui du mariage, les naissances, les vacances, les fêtes… L'affection folle qui lie ce couple est presque palpable. Elle est maintenant devenue le magnifique socle de leur vie professionnelle.

Après le dîner, pas question pour nous d'aller au lit. Nous avons des petits pains sur la planche : il faut préparer les viennoiseries. Elles attendront au frais avant d'être enfournées demain, la veille de l'ouverture de la boulangerie. Stéphanie enchaîne les tâches sans s'arrêter, il y a toujours une nouvelle chose à faire, toujours du travail à anticiper. « J'ai retrouvé de l'énergie, et c'est grâce à vous les filles ! » Tant mieux, parce qu'à cette heure-ci, notre énergie est légèrement capricieuse.

J'admire le courage de Stéphanie. Pour décider de reprendre la boulangerie de village et s'improviser cheffe d'entreprise et responsable d'une équipe de quatre employés, il faut avoir de la volonté, et un sacré cran. Sa courte formation lui a permis d'acquérir les bases, de construire des prévisions, d'estimer son marché. Mais tout n'est encore que sur papier. L'ouverture de la boutique dans deux jours confrontera enfin ses pronostics à la réalité. Stéphanie communique son impatience de recueillir les premières impressions des clients, lorsqu'ils franchiront la porte du magasin, son désir de devancer leurs questions, prédire leurs hésitations, et enfin servir les premières commandes. La même excitation qu'un coureur ressent sur la ligne de départ, qui trépigne dans l'attente du coup de pistolet. Il s'est préparé depuis des mois à cette épreuve, mais seule la course révèlera l'efficacité de ses entraînements. Une chose est sûre, notre boulangère est dans les starting blocks.

*

Il est maintenant vingt-trois heures trente, et dans trois heures nous aurons fait le tour du cadran. Il est temps d'aller au lit. Nous nous endormons bercées par le bruit des perceuses, car Stéphane et Stéphanie, eux, ne s'arrêtent jamais.

–Jour 35–

J-1 avant l'ouverture, c'est le moment des dernières décorations. Perchée sur un tabouret, Ambre dessine la silhouette d'une muse brandissant un épi de blé. C'est le logo de la boulangerie, désormais baptisée "La Muse du Meunier". Un nom qui en dit long. Une boulangère qui s'inspire et inspire : « je vais m'inspirer de la matière première créée par mon mari, en m'adaptant en fonction de la rotation des cultures, du vivant, du climat, des années. Je veux faire corps avec le vivant et tous ses paramètres, l'eau, l'air, les températures, l'hygrométrie ». L'ingrédient secret de la réussite d'une telle ambition ne fait plus grand mystère pour nous : sa grande complicité avec le meunier, évidemment. Cette union intime sera nécessaire au partage de ces précieuses informations. Dans un jour, la Muse du Meunier sera aussi un lieu d'inspiration pour l'agriculteur-meunier, une boutique où son blé devient pain, pâtisseries, viennoiseries ou gâteaux. Que rêver de mieux ? Concevoir l'agriculture comme un art, voir dans le meunier un poète, et dans la boulangère sa muse.

*

Dîner fidèle à notre immersion : au menu, croissants au jambon !

– Jour 36 –

La boulangerie est installée dans le quartier de Pouldavid, à deux pas du premier port de Douarnenez. Autrefois, on y trouvait beaucoup de familles de marins-pêcheurs. Aujourd'hui, c'est un quartier un peu oublié et assez hétéroclite. Située à cinq kilomètres de l'exploitation agricole, la boutique relie terre et mer, centre-ville et campagne. Sa devanture bordeaux égaie à elle seule la rue de la République. Les petits volets blancs tout juste ouverts laissent deviner une atmosphère chaleureuse, baignée d'une lumière tiède. Devant la porte, un panneau mobile affiche la une de Ouest-France : "Brec'h[4]. Les commerçants se regroupent et s'organisent face à la crise sanitaire". À gauche, un distributeur à baguettes libère une merveilleuse odeur de pain chaud. Deux clients attendent devant la porte.

Sept heures. Levée de rideau, lumière, action. Un homme vêtu d'un manteau de pluie bleu marine, un chapeau dans une main et une canne dans l'autre, s'avance. « Bonjour Monsieur. » Je me rappelle très nettement son visage si marquant. Ce premier "bonjour", tremblant d'excitation, résonne encore dans ma tête. Sous le masque, on devine un large sourire.

Le septuagénaire entre dans la boulangerie comme chaque matin depuis cinquante ans. Stéphanie, elle, encaisse sa toute première transaction. Pour l'un c'est une routine, pour l'autre c'est un grand saut dans l'inconnu.

« - Une tradition s'il vous plaît.

- Désolée, elles ne sont pas encore prêtes, elles seront cuites dans vingt petites minutes.

- Bon, mettez-moi une baguette alors. »

Il est 7 heures 30 : Jour-Nuit. La boulangerie se trouve soudainement plongée dans un noir total. Les plombs ont sauté.

Après quelques bricolages, la lumière réapparaît. Mais à ma plus grande surprise, personne ne se pâme devant la nouvelle décoration ou les nouveaux produits. J'imaginais que ce renouveau susciterait plus de réactions et d'enthousiasme de la part de la clientèle. Bien au contraire, parfois, il irrite. « Qu'est-ce que vous avez en "non bio" ? », demande une cliente. On dit souvent que les personnes âgées n'aiment pas le changement. J'étais loin de me douter que c'était à ce point, pour certaines. Le produit phare d'une grande partie de cette clientèle est la "baguette bien blanche et pas trop cuite". Tout ce que je déteste. Stéphanie a fait le choix de répondre aux attentes des habitués en garantissant l'accès aux produits conventionnels, tout en attirant un nouveau type de clients, friands de pains spéciaux et sensibles à l'agriculture biologique, avec de nouvelles gammes. La vitrine est donc garnie à la fois de pain blanc et de produits bio.

Mais le cœur de notre ancienne aide-soignante est partagé. Son rêve serait que cette cohabitation pousse une majorité à se convertir aux nouveautés. Car elle le sait mieux que quiconque, pain blanc et santé ne font pas bon ménage. Confectionné à partir d'une farine de blé à laquelle a été retiré le germe et l'enveloppe du grain, il est bourré d'amidon, une chaîne de molécules de glucose. Sa consommation entraîne donc un pic de glycémie[5], qui provoque le stockage des sucres et graisses. Et si le foie régule ensuite ce taux *via* l'insuline[6], il s'ensuit rapidement une baisse d'énergie et une nouvelle envie de sucre. Bienvenue dans le cercle infernal du pain blanc qui se mord la miche. À l'inverse, le pain complet contient, lui, tous les éléments du grain, et conserve donc tous les nutriments de la céréale : fibres, vitamines[7], minéraux, magnésium, fer, zinc. Cela le rend bien plus nutritif, avec un indice glycémique plus faible et une diffusion plus lente du sucre dans le sang. Ses bienfaits sont incontestables : régulation du transit intestinal, réduction des risques de diabète, de cancer colorectal et surtout d'obésité.

Mais comment initier la conversion d'une clientèle si attachée à son pain blanc ? Comment éduquer au bien manger ? Faut-il garder sa charlotte d'aide-soignante derrière le comptoir ? Ces questions, Stéphanie les prend comme des défis, et s'y frotte courageusement, bien consciente que les mentalités resteront rétives un temps. Mais les épreuves, ça la connaît, et sa volonté de "faire sa part" du colibri lui donne des ailes.

– Jour 37 –

C'est le deuxième jour d'ouverture et cette fois-ci, Sur le Champ est derrière le comptoir. Je sers les clients pendant qu'Ambre tient la caisse. Une répartition des rôles plutôt efficace car ne vous y méprenez pas, bien connaître chaque produit de la boutique n'est pas une mince affaire. Il faut savoir distinguer la parisienne de la sarmentine[8], le pain de campagne de la bûche bretonne, et ne pas oublier de noter les quinze centimes pour le service de tranchage – qui sont d'ailleurs, je dois bien l'avouer, souvent passés à la trappe. Cadeau de la maison, comme on dit. Je prends le temps de discuter avec les clients. J'aime ces bavardages futiles et innocents. La pluie, le beau temps. Le pain, la vie.

La chance nous rend visite à la boulangerie, sous une forme assez particulière : elle prend l'apparence de Jean-Yves, habitué et journaliste Ouest-France à ses heures perdues. Il vient interroger Stéphanie sur la reprise du commerce. Nous servons à la hâte trois clients en train d'attendre plus ou moins patiemment, et je cours à l'étage réveiller Stéphanie en pleine sieste, ou plutôt en pleine nuit. Je la sors d'un profond sommeil pour lui annoncer la venue du journaliste, et le temps qu'elle se prépare, je redescends m'entretenir avec ce sexagénaire assez curieux, et bien bavard. « Et vous, vous êtes qui ? », en vient-il à me demander. Aussitôt, le refrain Sur le Champ est lancé et fait plutôt bon écho. « Eh bien, ça va me faire un article sympa, ça aussi ! » Cette première interview s'avère assez originale en termes de rédaction : nous lui tenons la plume. Ambre épelle les mots un par un. “P-o-d-c-a-s-t”. Je fais un effort démesuré pour parler lentement, au rythme de la dictée collégienne. La scène est théâtrale, et Jean-Yves semble ravi. L'article est écrit. « Ah, c'est bien ! On a du contenu, là ! »

–Jour 38–

Matinée à la meunerie : des commandes, des commandes, toujours des commandes.

L'après-midi, nous tenons la boutique. Nous sommes de plus en plus rodées : la machine à découper n'a plus de secret pour nous et nous reconnaissons même certains visages malgré le masque, comme celui de Suzanne, cliente fidèle qui depuis deux jours enchaîne les déconvenues. Hier comme aujourd'hui, Suzanne a passé commande : “trois pains complets bio” pour elle et son chien. Mais à seize heures, point de Suzanne. Nous mettons donc en vente ses trois petits pains, qui trouvent acheteur immédiatement. Et hier comme aujourd'hui, Suzanne pointe son nez à la boutique à dix-huit heures pour récupérer sa commande, et deux fois nous l'accueillons avec un sourire gêné. Sans une once d'agacement, la cliente fidèle se console avec une baguette toute simple et une demi-parisienne, son chien étant moins friand de pain blanc. Bon, cette fois-ci la nouvelle patronne prend note de son heure de passage : Suzanne vient en fin de journée.

Entre meunerie et boulangerie, mes cinq sens sont en éveil. Je touche la matière première, respire l'odeur du pain frais, me berce dans le bourdonnement de la meunerie et le chant du pain qui croustille, admire la beauté du travail bien fait et déguste sans compter les petites merveilles boulangères. Le couple Steph est un véritable hymne au travail manuel, à la revalorisation du pouvoir de nos mains. Plus encore, une invitation à mobiliser tout notre corps.

Nous sous-estimions la puissance de l'immersion. Nous la mesurons bien mieux aujourd'hui. Nous arrivons à des moments de vie particuliers pour nos hôtes. Chez François, nous étions les colocs sympas qui meublaient un peu le vide laissé par son ex-femme. Ici, nous prenons à 200km/h le virage d'une vie. Un sprint sans ligne d'arrivée alimenté par une excitation irrépressible.

–Jour 39–

Une dame s'avance à l'aide d'une canne et s'assied devant la maison principale de la ferme. La date "1949" est gravée dans la pierre juste au-dessus de la porte d'entrée. Son gilet en maille bleue rappelle la couleur de ses yeux. Une broche tire en arrière ses cheveux blancs et un foulard coloré souligne un sourire intemporel. Alexandrine est la grand-mère de Stéphane. Née à la ferme en 1929, elle a grandi à Saint They, travaillé à Saint They, et profite désormais, tranquillement, des jours calmes de sa retraite, à Saint They. Toute sa vie est à Saint They. Alors quand je lui demande « combien d'années avez-vous travaillé à la ferme, Alexandrine ? », elle lève un sourcil, étonnée de la question, puis souffle en riant : « pfff tout le temps ! » C'est la mémoire de Saint They qui s'ouvre à nous. Les détails lui reviennent et illuminent tout son être. Ses histoires s'enchaînent et je fixe les traits de son visage marqué par une vie de travail. Comme s'ils parlaient d'eux-mêmes.

« Au départ on faisait le beurre et on allait en ville aux halles à Douarnenez et les dames venaient chercher leur beurre. Elles prenaient une épingle dans leurs cheveux et piquaient le beurre pour le goûter. » Vingt hectares, des vaches, des cochons, des poules, du maraîchage, des céréales. Le tableau d'une ferme traditionnelle de l'après-guerre. Les porcelets étaient vendus à la foire de Pont-Croix. Il fallait qu'ils soient impeccables, ils devenaient tout blancs de farine et étaient bien brossés. Et puis un jour, ils sont rentrés avec la première télé dans le coffre « et il restait encore de l'argent dans la caisse ! » Les affaires marchaient bien.

Les innombrables anecdotes nous transportent dans le temps, dans une autre époque. La même ferme, mais d'autres activités. Connaître son histoire change notre regard sur ces bâtiments où nous passons des heures à ensacher les farines de Stéphane.

Alexandrine conclut notre échange de son fameux “Yec’hed mat!”[9]

*

Mille raisons expliquent la volonté de Stéphanie de devenir boulangère. S’engager à nourrir plus sainement la population. Donner accès aux produits bio à des prix abordables. Garder un pied dans la santé et prévenir les pathologies futures. Faire le lien entre environnement et santé, ville et campagne, terre et mer. Mais Stéphanie avait par-dessus tout envie de rejoindre Stéphane dans son activité et, à son tour, de “trimer” avec lui. « Il n’y a pas de raison qu’il n’y ait que Stéphane qui soit à fond, moi aussi je peux l’être. » Et Stéphanie est plus qu’à fond, en effet. Elle n’arrête pas, jours et nuits, corps et âme, pour enfin lancer sa propre entreprise.

Mais ce soir, nos deux amoureux réalisent que cette nouvelle vie les prend un peu de court. Stéphanie ferme la boulangerie le lundi tandis que la meunerie, elle, s’arrête de tourner le dimanche. Pour Stéphane, la famille prime sur tout. Il est au rendez-vous pour les sorties d’école, les devoirs, les guilis, les repas… et le dimanche est entièrement consacré à la famille. Pour le moment, Stéphanie conserve les horaires des cédants afin de ne pas trop perturber la clientèle. Ce n’est pas de tout repos d’avoir une femme boulangère. Heureusement, Stéphane est un mari présent, compréhensif et encourageant ; et surtout, les beaux-parents sont disponibles et à deux pas pour s’occuper des enfants.

Comme nous travaillons d’arrache-pied à la meunerie cet après-midi, personne n’est là pour donner un petit coup de main à la vente en boulangerie. Stéphanie réalise que ce rythme va être compliqué à tenir, car la vente l’après-midi l’empêche de préparer son pain pour le lendemain. Elle compte donc négocier avec son comptable pour embaucher une personne supplémentaire quelques heures par jour.

–Jour 40–

« PAPA !!! PAPA !!! On a un gros problème ! Stérenne est descendue à la boulangerie sans couche », avertit Steve, affolé. Réveil original. Stérenne est effectivement allée passer commande à la boulangerie pour son petit déjeuner, les fesses à l'air.

*

« Ahh mais c'est vous, les deux filles dans le Ouest-France ! » nous interpellent deux clients en récupérant une baguette. À la pause déjeuner, nous filons au port de Tréboul. Notre photo nous attend à la page seize. Malgré les petites coquilles de notre cher journaliste Jean-Yves, nous sommes très heureuses de partager notre aventure grâce à ces quelques lignes, et amusées d'apprendre que nous sommes devenues "Les Camille et Ambre", sous sa plume.

*

Si pudeur et agriculteur riment, ce n'est pas un hasard. Les parents de Stéphane transpirent cette "fierté agricole". Une fierté pudique. Ne jamais se plaindre, serrer les dents, garder la tête haute. À les écouter, tout était toujours rose. Comme leurs cochons. Pourtant, leur vie de labeur fut loin d'être un long fleuve tranquille. Chute des prix, hausse du coût des matières premières, maladies décimant un cheptel, vacances oubliées, santé fragile... Stéphanie les a tannés pour aller voir au cinéma le film *Au nom de la Terre* d'Édouard Bergeon. D'abord plutôt réticents, ils ont finalement accepté pour faire plaisir à leur belle-fille.

À leur retour du cinéma, ils ont brûlé tous les papiers qu'ils conservaient de la ferme. Saisis à la gorge par le film, ils ont voulu tourner la page de ce livre écrit à l'encre de leur sueur. Les traces d'un passé douloureux, ravivé par l'histoire vraie, si vraie, et si proche de la leur, racontée par Édouard, devaient disparaître. Pour faire place nette à des jours meilleurs.

À la plus grande joie des enfants, les écoles sont fermées en raison du confinement. Ils passent donc leur journée à la maison. Toutefois, l'espace est assez exigu. Le mot immersion n'a jamais été aussi juste. Chez les Moalic c'est du 200%, 24 heures sur 24. Un bol d'air s'impose. Nous chargeons des sacs de farine dans la voiture et roulons direction la pointe du Raz.

Les vagues se déchaînent le long de la côte. Le vent souffle contre les portières. Nous arrêtons la voiture le long de la route quelques instants pour contempler cette fureur marine qui explose avec fracas. Nous rechargeons les batteries en regardant la mer former ces colosses qui s'écrasent brutalement sur les parois rocheuses.

Ces derniers jours, notre énergie semblait pour le moins altérée. Si nous avions conscience que l'itinérance serait sportive, nous réalisons à quel point nous stimulons sans cesse notre esprit et notre corps pour tenter de trouver, au mieux, notre place. Tenter d'anticiper le programme, suivre leurs virages, laisser des moments en famille, distraire les enfants, répondre aux commandes, aider aux devoirs. Ce quotidien génère une fatigue que nous avions jusque-là rarement expérimentée. À notre plus grand regret, nous avons déjà rompu la promesse de mettre le réveil à la même heure que nos hôtes. En même temps, Stéphanie est tout simplement impossible à suivre. Son ancien poste d'aide-soignante l'a habituée aux journées sans horaire, aux nuits de garde et au manque de sommeil. Mais Ambre et moi sommes totalement larguées par son rythme. Nous nous réveillons le matin les yeux gonflés et la tête lourde, les pommettes encore enfarinées. Drôle de vie que nous menons.

– Jour 41 –

Avancer à tâtons, les yeux bandés et dans le brouillard. C'est un peu là notre pain quotidien. Nous essayons de nous organiser pour cocher les cases de notre programme mais ce n'est pas toujours évident, car nous manquons constamment de visibilité. Ce jeune couple chemine au feeling, découvrant chaque heure ce que leur réserve la prochaine. Leur débrouillardise leur permet d'improviser pour prendre les choses comme elles viennent, et garder la tête hors de l'eau. De notre côté, l'horizon du séjour n'est pas infini et nous devons donc nous efforcer, sans nous imposer, de leur exposer nos contraintes…

Le dos courbé sur la balance, je remplis des sacs de vingt-cinq, dix, cinq ou un kilo. Entre deux sacs, je médite. Peut-être pourrions-nous les aider à mieux s'organiser ? C'est quand même l'objet de notre formation académique. Mais par quel bout commencer ? Et surtout : est-ce vraiment notre rôle ?

*

Je pensais adorer les enfants. J'ai mon BAFA, j'anime des colos l'été et avec eux je m'amuse, je danse, je chante, je ris. C'est joyeux, c'est fun. Mais confinés à sept dans un 30 mètres carrés, c'est autre chose. Leurs visages d'anges ne suffisent plus à m'assurer une tolérance de chaque instant. Les nerfs se font plus à vif ; les rires, moins bon public. Mais surtout, les règles du jeu sont bien plus complexes quand une meunerie et une boulangerie s'ajoutent à l'éducation de ces trois loustics.

Ambre aide Stelia à faire ses devoirs de sixième et découvre les joies de la digitalisation de l'enseignement. Quel enfer ! Il y a tout juste douze ans, elle était à sa place, et n'avait jamais touché à une tablette, ni même à un téléphone portable tactile. Stelia, elle, tapote, surligne, et complète ses exercices d'anglais en ligne. Elle se réjouit de pouvoir solliciter sa nouvelle grande sœur : c'est difficile pour un enfant de onze ans de réussir à faire ses devoirs tout seul, sans être aidé, surtout quand les exercices sont complexes et que personne ne parle anglais à la maison.

–Jour 42–

Une surprise toute chaude nous attend sur la table de la cuisine. Les lettres de SUR LE CHAMP en pain. Nous engloutissons “Sur le” en laissant “champ” pour plus tard.

Stéphane inspecte ses champs, il touche sa terre, la caresse et la laisse glisser entre ses doigts. Ses quarante hectares de terres sablo-limono-argileuses sont fertiles et gardent bien l'humidité. La couleur foncée du sol est gage de qualité et d'un fort taux de matière organique. Elle offre donc un terrain propice à la culture de blé, de seigle, d'épeautre, mais surtout de sarrasin, culture si symbolique pour un Breton. Originaire d'Asie, le sarrasin, appelé aussi blé noir, arrive en France au XIIe siècle et s'impose en Bretagne à la Renaissance. Seulement cent jours sont nécessaires à la plante pour se développer, entre les semis, en mai-juin, et les récoltes en septembre-octobre. Son caractère rustique et sa culture simple d'entretien ont participé à son foisonnement dans la région. Mais prenez garde lors de votre prochaine échappée en Armorique, il y a de grandes chances que votre crêpe ne soit pas du tout bretonne ! Cet or noir est aujourd'hui largement importé de l'étranger[10]. La farine de blé noir breton est devenue une denrée rare que les meilleurs pâtissiers s'arrachent. Ce n'est donc pas un hasard si Stéphane fournit la sienne à Pierre Hermé pour la confection de ses fameux macarons au caramel.

Stéphane, justement, part réparer son tracteur et nous laisse en charge de la meunerie. Le changement d'ambiance est immédiat : en un claquement de doigts, nous nous transportons dans la villa de Pablo Escobar à Medellín. La poudre blanche voltige sur le tempo du générique de Narcos et platine nos visages. Je charge l'or blanc au gramme près dans les sacs, qu'Ambre referme précautionneusement à l'aide d'une couseuse, avant de coller une étiquette où elle écrit la date du jour. Ses mains passent sur la marchandise d'un geste lent et caressant, empreint d'une fierté inexplicable. Au fur et à mesure, notre chaîne se taylorise, nos mouvements se fluidifient et frôlent l'automatisme.

–Jour 45–

Il est cinq heures. Une matinée au fourneau nous attend. Stéphanie dirige son équipe, apprentis et employés se forment à la confection de pain bio. La jeune patronne s'essaye à des mélanges de farine : la fournée test du jour sera au seigle et au sarrasin. Stéphanie a décidé de réaliser le pétrin bio la veille pour le lendemain car elle tient à le "laisser pousser tranquillement". En effet, plus la fermentation est lente, plus les micro-organismes ont le temps de travailler et de rendre la matière facilement assimilable par nos intestins. S'inscrire dans le temps pour servir la santé de tous.

Chacun est à son poste. La quiétude de la nuit nous enveloppe encore. Je tends l'oreille au four : le pain chante sa douce mélodie, il est réussi.

*

Le terme de notre immersion approche. Steve fait la moue à l'idée de notre départ. Nous nous appliquons à confectionner un maximum de sacs de farine de réserve, pour anticiper notre absence.

– Jour 46 –

Aujourd'hui, nous sommes invitées au café matinal avec l'équipe de Danone Communities en tant que "personnalités inspirantes". Vu nos têtes de boulangères fatiguées, je doute que l'épithète "inspirant" nous soit vraiment approprié. Nous partageons notre expérience avec leur équipe en ligne. Leur intérêt pour notre initiative est assez dingue ; les questions fusent et l'échange est captivant.

Une question nous marque tout particulièrement : « comment allez-vous évaluer le succès de votre projet ? » Tiens, on n'y avait pas pensé. Réussir à sortir du lit chaque matin, c'est déjà une prouesse. Une victoire même. Plus sérieusement, je pense sincèrement que notre épanouissement personnel au cours de l'année est un vrai indicateur de succès. Nous sommes heureuses d'être là, à la ferme, de travailler de nos mains, de nous rendre un peu plus utiles chaque jour. Peut-être aussi arriverons-nous à mettre sous le feu des projecteurs ces héros qui garnissent nos fourchettes ? Et pourquoi pas, rêvons un peu, faire naître des vocations ?

Dernier jour à la boulangerie, c'est le moment de lâcher prise. Je me sens à l'aise derrière ce comptoir. Certains clients me paraissent désormais familiers.

Je tente des petites plaisanteries avec ceux qui ont l'air d'humeur à rire et essaie d'être efficace avec les plus pressés.

–Jour 47–

Comme tous les matins, nous entendons les enfants se lever de bonne heure. La musique de la Reine des Neiges du jeu de Stérenne retentit à nouveau dans nos oreilles tout juste réveillées. Mais ce qui nous sort de notre sommeil, c'est surtout la découverte du nouveau post Instagram de Guillaume Canet : notre vidéo de présentation ! Le début de la célébrité, assurément.

Il est temps de rassembler nos affaires, finalement peu éparpillées. Nous passons par la boulangerie. Les clients nous dévisagent, intrigués par nos bras chargés de sacs de randonnée, de courses, de pieds de caméra… Le tout en tenue de travail agricole. Qu'est-ce que c'est que ces boulangères ?

C'est le moment des adieux. Stéphanie est émue et nous aussi, évidemment. Les trois petits loulous viennent nous faire un dernier câlin. Stérenne n'a pas vraiment l'air de comprendre que nous partons. "À demain !" s'exclame-t-elle. Nous avons apprécié jouer ce rôle de grandes sœurs, le temps d'une immersion ; des toilettes aux devoirs, ravies de leur donner de petits coups de pouce, de les aider à grandir. Nous sommes contentes aussi de leur laisser de l'espace pour s'installer dans leur chez eux, pour adopter un rythme de vie un peu plus normal.

Nous faisons évidemment un crochet par la meunerie de Saint They, pour dire au revoir à Stéphane et ses parents. Le détour est plein de rebondissements. « Les filles, si vous voulez je vais sortir le tracteur ce matin, j'ai vu dans l'épisode de François c'est vraiment cool le passage dans le tracteur, donc là je vais déchaumer un peu comme ça vous pourrez filmer. » Nous rions toutes les deux, Stéphane est fidèle à lui-même, toujours à tenter le tout pour le tout en dernière minute. Mais l'essentiel est que nous assistons au déchaumage de la parcelle de sarrasin, étape utile pour travailler le sol en surface. Les cannes de sarrasin séchées rougissent la parcelle. L'objectif de la manœuvre est de coucher la matière végétale afin d'apporter de la matière organique au sol en prévision des futures cultures. En février sera semé un blé de printemps. Mais entre temps, un couvert végétal protègera le champ, avec probablement de la moutarde, de la phacélie ou du ray grass[11].

À tour de rôle, nous prenons les commandes du MX 120, le chouchou de Stéphane. Quel bonheur de retrouver les champs ! Ils nous avaient un peu manqué. Quel plaisir, surtout, d'apprendre à conduire de gros tracteurs pour de vrai. Cela fait aussi du bien à Stéphane, qui adore cette partie du travail, mais est obligé de la déléguer à une entreprise de travaux agricoles car son temps est loin d'être extensible.

Nous remballons tout pour partir, mais non, ce n'est toujours pas le départ. Les Moalic sont décidément plein de surprises : les parents de Stéphane tiennent absolument à nous inviter à boire l'apéro. Nous acceptons avec grand plaisir. Installées dans leur chaleureuse véranda, nous avons le plaisir de voir surgir Alexandrine, qui nous tend tout sourire un magnifique bouquet de camélias de son jardin. « On m'a dit que vous partiez. Donc voilà, je suis allée cueillir quelques fleurs pour vous. » Nous sommes très touchées, nous n'avons échangé ensemble qu'à peine un après-midi. Mais Alexandrine semblait accorder de l'importance à notre présence. Après quelques verres de kir breton, deux accidents de bouchon de cidre évités de peu, et beaucoup de remerciements, nous décollons enfin de Saint They, pas moins de quatre heures après l'horaire supposé.

Nous reprenons les routes de France, avec en main, un bouquet à l'image de notre séjour : des fleurs pleines de couleurs et d'odeurs magnifiques mais tout de même un peu fatiguées. Nous quittons la ferme de Saint They en gardant l'image d'un couple nourri d'amour, guidé par la terre et animé d'une folie créatrice rare.

Notes

1. Ve siècle avant J-C.

2. Enveloppes broyées des céréales après la mouture.

3. Union de recouvrement des cotisations de sécurité sociale et d'allocations familiales

4. Morbihan, en breton.

5. Hausse rapide et brutale du taux de sucre dans le sang.

6. Hormone en charge de la régulation du taux de sucre dans le sang.

7. Notamment les vitamines B1, B3, B5 et B6.

8. Baguette originaire du Sud-Ouest de la France qui se distingue par ses deux cornes qui coiffent chacune de ses extrémités.

9. "Santé!" en breton.

10. Chine, Canada, Pologne notamment.

11. Graminée vivace, souvent employée pour la création des prairies temporaires, des pelouses et des tapis de verdure.

Chapitre Trois
Aux Glaces Follet – Chez Hélène et Arnaud – Seine-Maritime

Ramener la création de valeur sur une ferme laitière.

–Jour 51–

Les graviers de la cour crissent sous les roues de la Sur-le-Champ-Mobile. Pleins phares, le faisceau de lumière dévoile une imposante bâtisse normande. Trois petites têtes blondes s'impatientent devant la fenêtre. Il s'agit de Manon, Agathe et Lisa, les trois filles Follet, respectivement âgées de 9, 7 et 5 ans. Nous sommes attendues.

Située à Saint Vaast Dieppedal, près d'Yvetot, en Seine-Maritime, et transmise de père en fils, la ferme Follet est une histoire de famille. Aujourd'hui, Hélène et Arnaud poursuivent l'activité de l'exploitation, en y mêlant tradition et innovation. Cultivant 130 hectares pour alimenter leurs propres troupeaux, les Follet incarnent tout à la fois l'esprit entrepreneurial et le dynamisme agricole par la révolution du local.

*

Pour le dessert, Hélène dispose sur la table une farandole de glaces : vanille-copeaux de chocolat, fraise, carambar, cappuccino, caramel au beurre salé. « J'ai sorti cinq parfums, mais j'en produis plus de soixante ! » Nous n'avons pas atterri chez ce couple d'éleveurs par hasard ; à vrai dire, c'est notre gourmandise qui nous a conduit dans cette ferme pas comme les autres. Ici, le troupeau de soixante vaches de race normande se destine à la production de glaces, yaourts et crèmes dessert. Cette séduisante palette excite déjà nos papilles curieuses, et ce premier repas à la ferme Follet annonce la couleur de notre troisième immersion. De l'apéro au dessert, la générosité est le mot d'ordre. Heureusement, nous n'avons pas glissé de balance dans les bagages. Sur le Champ est avant tout une année de découverte, alors la dégustation est incontournable : pas de chipotage, tant que nous rentrons dans nos pantalons, l'aventure continue.

–Jour 52–

La journée d'Arnaud et Hélène commence à cinq heures et demie, alors la nôtre aussi. Hélène est déjà au labo, ses cheveux courts et roux bien coiffés sous une charlotte en papier. De fines boucles d'oreilles pendantes et colorées égaient son habit blanc. C'est bien la première personne que je rencontre qui parvient à être si féminine tout en portant une charlotte. Le programme du jour, c'est la confection de yaourts, et tout est réalisé manuellement : il faut installer un à un les pots vides, y déposer un fond de confiture à l'aide d'une douille, verser le lait frais du matin, refermer le pot avec un couvercle en plastique, imprimer et coller l'étiquette de la DLC (Date Limite de Consommation). Nos petites mains sont donc les bienvenues. Une Hélène "bis", jeune apprentie en BTS, arrive à huit heures pour nous épauler.

*

À dix-sept heures, la traite du soir démarre sur les chapeaux de roues pour les débutantes que nous sommes. Un couloir en carrelage blanc sépare deux espaces surélevés et bétonnés. Arnaud, sur fond de *Tendance Ouest*[1] grésillant, prépare les six trayeuses jaunes et blanches accrochées de chaque côté. Leurs quatre tentacules respectifs pendouillent en attendant l'activation des machines. D'un rapide coup de jet d'eau, Arnaud humidifie le pont, une technique d'habitué pour éviter que les déjections des bovins ne collent sur le sol. Bonne nouvelle, nous avions vu juste pour les tenues vestimentaires. Nous sommes habillées exactement comme lui : bottes en caoutchouc kaki, "cotte à zip"[2] , et petit veston sans manche gris foncé. Il ne nous manque plus que la casquette. En deux temps trois mouvements, les trois premières vaches se retrouvent branchées aux trayeuses et leur lait coule dans les tuyaux. « Bon, vous avez vu comment j'ai fait, maintenant à vous de faire les suivantes ! »

Alors c'est parti ! Je ne me fais pas prier. J'avais hâte de manipuler à mon tour ces impressionnantes mamelles, même si je dois bien avouer qu'elles ne sont pas très propres. Comme les vaches se couchent dans la paille et salissent leurs pis avec le fumier, il faut commencer par les nettoyer à l'aide d'un liquide mousseux et d'un sopalin, de sorte que tout soit impeccable avant que le lait ne coule. Ensuite, on branche un à un les quatre manchons trayeurs sur les quatre mamelons. Ils effectuent une aspiration régulière qui imite la succion naturelle du veau. Les vaches libèrent leur breuvage tiède pendant quelques minutes puis les trayons se débranchent automatiquement lorsqu'il n'y a plus de lait. On désinfecte alors les pis avec un genre de liquide brun, les vaches sont évacuées, et le tour est joué. Aux suivantes ! Il y a six vaches de chaque côté, elles défilent donc douze par douze. Cette inlassable symphonie rythme l'activité phare de l'élevage laitier, et imprime la fréquence cardiaque de toute l'exploitation. Nous nous prenons rapidement au jeu. Supervisée par Lisa, la dernière des trois filles Follet, je découvre les commandes de la salle de traite. J'apprends à sortir les douze vaches de la salle, pianotant avec hésitation sur les boutons de commandes. Pas le droit à l'erreur, Lisa me surveille comme une cheffe ; c'est elle la vraie patronne de la salle de traite ! Si une vache rechigne quelques secondes à entrer dans la salle, Lisa court lui tapoter le derrière.

Refroidi dès la sortie du pis, le lait continue ensuite son chemin jusqu'à une grande cuve opaque et réfrigérée située entre la salle de traite et l'entrée du bâtiment, où il est conservé et stocké à une température de 4°C. Le camion-citerne de Danone viendra sûrement demain ou après-demain récupérer le fruit de notre travail pour alimenter la laiterie du département.

Vient enfin le temps du ménage, car certaines demoiselles ne se sont pas contentées de libérer du lait… D'abondantes urines ruissellent sur le sol bitumé, entre de beaux pâtés flasques et irréguliers. Poussés par le puissant jet d'eau, urines et bouses se fondent en un liquide jaunâtre qui se met à surfer lentement sur la pente inclinée de la salle de traite.

*

Le dîner est servi à dix-neuf heures trente. Chez les Follet, la vie est rythmée. Mais avec notre ventre qui gargouille depuis dix-neuf heures, cela nous arrange bien.

–Jour 53–

À J-20 avant Noël, le labo s'active dans tous les sens pour la confection des bûches. Les parfums défilent et ne se ressemblent pas. Nos doigts gourmands caressent les petits bouts qui dépassent et croisent, par pur hasard, notre bouche curieuse et gloutonne. Le seul inconvénient de nos petits écarts est qu'ils nous obligent à quitter notre poste pour nous savonner les mains. L'hygiène est reine au laboratoire.

*

De l'autre côté de la départementale, Arnaud est occupé à "détruire de la moutarde". Je l'imaginais en train de dégommer un pot pour se préparer un hot-dog, mais il n'en est rien : il s'affaire en réalité à ratatiner le couvert végétal du champ de moutarde à l'aide d'un rouleau géant, pour faciliter la dégradation de la plante et enrichir le sol en matière organique. Nous montons à bord de son confortable John Deere, avec radio, chauffage, et moquette au sol. Nous pourrions presque y séjourner, et c'est d'ailleurs fait pour : Arnaud va passer sept heures aujourd'hui à ratisser sa parcelle de dix hectares. Nous pouvons remercier le confort à bord.

Notre éleveur normand se révèle très à l'aise devant la caméra et notre pluie de questions. Soit il n'a pas compris que nous le filmons tout du long, soit il est passé à côté d'une carrière hollywoodienne.

*

En sortant de table, Ambre demande, enthousiaste :

« - Alors, on se retrouve à quelle heure demain ?

- Six heures trente pour la traite. C'est grasse mat' le week-end ! » répond Hélène avec un large sourire.

Ce qu'Hélène appelle la "grasse mat'" c'est donc cette petite, riquiqui, microscopique demi-heure de sommeil supplémentaire, de cinq heures trente à six heures, que s'octroient gracieusement les Follet le week-end.

Et la journée ne s'arrêtera pas après la traite. Lisa renchérit en effet avec l'assurance d'un patron du CAC40 : « mais n'oubliez pas, rendez-vous à dix heures au magasin pour installer des décos de Noël ! »

Quand Hélène a rejoint son mari sur l'exploitation, elle a tenu à diversifier l'activité en y ajoutant la transformation et la vente. D'où l'installation de ce magasin de producteurs au cœur de la ferme, où l'on trouve les produits laitiers de l'exploitation ainsi que d'autres produits locaux : fromage de chèvre, farine, œuf, gâteau, cidre, bière, terrine… Une ingénieuse solution pour valoriser les productions des agriculteurs du coin, attirer les consommateurs à la ferme, et tout simplement reprendre le pouvoir sur la distribution.

–Jour 55–

Le réveil sonne à six heures, étonnamment en douceur. Avons-nous enfin trouvé notre rythme de sommeil ? Après avoir avalé un café et un yaourt accompagnés d'un bout de brioche, nous sautons dans notre cotte, excitées à l'idée de participer à la traite matinale. Les yaourts fermiers nous réjouissent chaque matin, et nous font presque oublier les cauchemars qui émaillent parfois nos nuits et notre profond sommeil, bercé par le silence absolu de la campagne assoupie. La plaine qui jouxte le gîte est brumeuse ce matin, un petit vent nous fait frissonner ; nous sommes bien réveillées, prêtes à rejoindre le troupeau. Hélène, plus ponctuelle que nous, a déjà commencé la traite. Elle porte une cotte au col rose, bien plus sexy que les nôtres. Les pulsions régulières des trayons imposent un rythme rassurant.

Le déjeuner dominical ressemble à tout ce que j'aime : ces repas traditionnels français où de bons plats réunissent tous les membres de la famille autour de la table, un moment de repos, où tout le monde s'écoute, rit, débat. Les conversations s'enchaînent, divaguent et repartent de plus belle. On s'attarde, fascinés, sur les emballages de nos produits alimentaires, tout particulièrement sur leur prix exorbitant. Saviez-vous qu'il faut compter vingt centimes pour une bouteille en plastique de lait et sept centimes pour un pot de yaourt et son couvercle ? C'est démentiel ! Inutile de faire de longs calculs pour réaliser que la marge de production s'en trouve bien grignotée. Et nous ne sommes pas au bout de nos surprises. Touchants et résignés à leur façon, Hélène et Arnaud dressent le tableau de la filière et de ses dysfonctionnements. Le lait est vendu à la coopérative à 35-38 centimes le litre avec la prime qualité, attribuée en fonction de la teneur en protéines du lait (son taux protéique, dont chaque point est rémunéré à hauteur de 6 euros les 1 000 litres). C'est pourquoi une ferme qui ne produit que du lait s'en sort difficilement. Clairement, ils ne parviendraient pas à joindre les deux bouts sans l'ajout des cultures céréalières, qui jusqu'ici ont été plutôt rémunératrices. On croise les doigts pour que cela dure. À un moment, ils ont d'ailleurs pensé à arrêter l'élevage. Puis la transformation leur a permis de conserver cette activité, chère à leurs yeux. Certes, la transformation ramène de la valeur à la ferme, mais il ne faut pas sous-estimer la quantité de travail et d'investissement qu'elle requiert : être à son compte, en agriculture, c'est accepter de ne pas compter ses heures. Et c'est d'autant plus vrai lorsque l'animal est au cœur de l'activité, car être éleveur, cela signifie de s'occuper du cheptel 7 jours sur 7, sans exception, même le dimanche, à Noël, le 31 décembre, ou même le jour de la naissance d'un enfant. « Notre liberté, on la paye cher. »

Nous demandons innocemment :

« - On se retrouve à quelle heure demain ?

- Six heures au labo ! » répond Hélène, du tac au tac.

Nous acquiesçons machinalement ; l'avantage avec Hélène, c'est que son assurance ne laisse de pas place au doute. Il n'y a pas à tergiverser, le labo compte sur nous demain matin.

– Jour 56 –

Les réveils à cinq heures et demie se suivent et se ressemblent. Direction le labo à nouveau, pour remplir, fermer, étiqueter, mettre au frais les glaces. Ça file droit. Hélène nous accorde néanmoins une pause-café très gourmande. Et aujourd'hui, Hervé, le boulanger, est de la partie. Il se joint à nous pour préparer les bûches et a apporté quelques réjouissances pour pimenter l'entracte. Des pains au chocolat aux amandes, sucrés et copieux.

Depuis quelques jours, notre programme est bien chargé. Nous n'avons pas une minute pour nous. Le rythme est effréné. Lorsque la ferme nous libère, nous fonçons au gîte retrouver les écrans de nos ordinateurs. Je m'attelle au travail que m'a confié la startup Eloi à temps partiel. Accepter un temps partiel en plus d'un quotidien d'agricultrice sonne comme une vraie folie, j'en conviens. Mais je l'ai bien réfléchie : j'ai choisi de continuer cette activité en freelance car la mission de cette jeune entreprise m'est très chère. Il s'agit de proposer une solution innovante pour assurer la transmission des fermes et l'installation de jeunes agriculteurs. Ce travail est aussi une nécessité pour nous, car nous voulions que notre projet soit indépendant financièrement, pour décider seules de son devenir, sans devoir rendre des comptes à un sponsor ou être conditionnées à la générosité d'une cagnotte en ligne. Avec Ambre, nous partageons les revenus versés par Eloi : 600 euros par mois qui deviennent rapidement 500 euros après impôts ; soit 250 euros chacune. Avant de partir, nous avions estimé nos ressources et dépenses sur un fichier Excel. Nous pensions être dans le vert, bien alignées sur la couleur du logiciel. Nous nous permettions même de faire des plans sur la comète. Le plus fou : financer l'ascension d'un sommet de 4 000 mètres avec la somme qui resterait à la fin du projet. Bien entendu, nous rêvions. La réalité et une cascade de dépenses imprévues ont vite remis les pendules à l'heure : panne du capteur d'air de la C3, crash du drone sur le tracteur, mort de la batterie de l'ordinateur… Finalement, si nous parvenons à rembourser nos petits investissements de tournage et nos frais de déplacement, ce sera déjà une belle réussite.

Au téléphone, Édouard nous confie que la réalisation du premier épisode a largement dépassé le temps qui lui était imparti. Apparemment, notre ours (l'assemblage de toutes nos prises) est au moins deux fois trop gros… Bon courage Ambre ! Le café est prêt dans la cuisine, n'hésite pas à te servir généreusement.

*

Wart, le vétérinaire, a l'avant-bras plongé dans l'arrière train d'une vache : il est venu faire des échographies afin de déterminer si les vaches sont pleines. Son fort accent scandinave brouille un peu les explications, mais nous comprenons qu'un embryon de quarante-cinq jours mesure deux centimètres. L'écran d'affichage fait apparaître une petite boule blanche sur un grand fond noir. Bingo, c'est un embryon, elle est pleine ! Et double strike, ce n'est pas la seule : neuf des dix vaches examinées le sont. Arnaud se réjouit.

Dans un élevage, une vache peut tomber enceinte de deux façons. Soit on la laisse dans un pré avec un taureau en espérant que ce dernier ne se contente pas d'admirer ses beaux yeux. C'est la technique qu'utilise Arnaud pour ses génisses, c'est-à-dire celles qui n'ont pas encore eu de veau. La seconde option est de réaliser une insémination artificielle, lorsque les signes de chaleur sont repérés chez la vache (soit sur une période de vingt-quatre heures toutes les trois semaines) : le vétérinaire introduit alors dans l'utérus une paillette de spermatozoïdes d'un taureau soigneusement choisi. Cette méthode, très répandue en élevage bovin laitier, garantit, à quelques exceptions près, une fécondation réussie. Elle permet également un contrôle rigoureux de la génétique du troupeau et ainsi l'amélioration de la qualité de ses individus.

Wart nous serre la main et démarre sa camionnette en laissant derrière lui un nuage de poussière.

Arnaud est à la stabulation. Sa casquette est plus enfoncée que d'habitude. Sous sa visière basse, son regard est sombre et lointain. Il vient de retrouver une génisse inerte dans son box. Elle est restée accrochée à son cornadis – le dispositif placé devant son auge pour limiter ses mouvements quand elle mange – et s'est pendue. Le genre de truc qui n'arrive jamais. Et qui vous assomme quand il vous tombe dessus. Il n'y a plus rien à faire, et pas grand-chose à dire. Les bras croisés, muré dans le silence, Arnaud ne parvient pas à détourner les yeux du box. Nous échangeons une petite tape sur l'épaule.

*

Corentin, Coco pour les intimes, est en stage d'apprentissage à la ferme. Il tient en équilibre sur le deuxième étage d'une barrière, dans un couloir de box. Penché au-dessus de l'arrière-train d'un broutard – comme on appelle les jeunes bovins – il tente de le maintenir en place pendant qu'Arnaud lui tond le dos. « C'est pour l'hygiène et leur confort. » Entre le passage chez le coiffeur de deux taurillons, Coco nous apprend qu'un vêlage (une mise-bas) vient d'avoir lieu. Quel dommage, nous en rêvions ! « C'était une Prim'Holstein, mais avec un peu de chance, vous verrez une Normande, c'est encore mieux ! » nous promet-il pour nous remonter.

Dans l'étable, le tout jeune veau et sa mère sont isolés dans une aire paillée. La vache lèche son nouveau-né pour le nettoyer, stimuler sa circulation sanguine et sa respiration. Elle tente de l'aider à se lever. Le petit être chétif, fébrile mais obstiné, cherche les pis de sa mère. Une gymnastique rude pour qui vient de naître, car il faut se pencher, fléchir les pattes avant pour y accéder. Bientôt, il s'abreuvera du premier lait, le colostrum, dont la couleur jaunâtre atteste de la richesse. Il apporte au jeune veau tous les nutriments nécessaires : protéines, vitamines, minéraux mais aussi et surtout des composants immuno-protecteurs, autant de bienfaits qui lui valent le surnom de "vaccin naturel". Accroche-toi petit veau, cet or liquide en vaut la chandelle !

Assister aux premiers instants d'une vie, partager la conquête du pis par le veau, observer l'instinct d'une mère… Ces moments, uniques pour nous, font partie de la routine des éleveurs laitiers. Donner vie et faire naître, c'est même leur mission première, puisque la vache doit mettre bas pour pouvoir produire du lait. Jusque-là, c'est peut-être une évidence pour vous, mais ce n'est pas le cas pour tous : une étude du Washington Post a par exemple récemment révélé que 7% des américains adultes (soit 16 millions de personnes !), pensent que le lait chocolaté provient de vaches marrons. Vous riez. Et je le comprends. Mais connaissez-vous vraiment le cycle de vie d'une vache laitière ? Personnellement, je l'ignorais. Commençons par une anecdote rigolote : tout comme pour nous les femmes, la période de gestation d'une vache est de neuf mois. À la suite de la naissance, elle donne du lait pendant environ dix mois. Pendant cette lactation, elle est de nouveau inséminée puis mise au repos de sa production de lait deux mois avant l'arrivée du veau suivant. Et c'est reparti pour un tour, le cycle magique du lait recommence. La vache peut ainsi avoir plusieurs veaux et plusieurs lactations au cours de sa vie, 3, 4 ou 5 en règle générale.

–Jour 57–

Premier décembre, jour tant attendu de l'ouverture de la première case du calendrier de l'avent ! À sept heure cinq, les filles sont déjà prêtes et habillées avant même le retour de leur papa de la traite. Elles en profitent pour passer faire un tour au labo avant de filer à l'école. C'est leur routine du matin : dire bonjour à maman, se faire coiffer entre une yaourtière et une table de travail, envoyer quelques blagues à l'équipe Sur le Champ et choper un chocolat "parce que les fêtes approchent". Une énergie incroyable se dégage de ces trois malicieuses gamines.

–Jour 58–

Ce matin le réveil est passé crème ! C'est le cas de le dire. Arnaud a sorti l'écrémeuse dans la salle de traite pour la fabrication des glaces du jour d'Hélène. Une turbine et une vingtaine d'assiettes tournent très vite afin de pulvériser sur les parois les particules grasses du lait, qui sont ensuite récupérées pour former la crème. Facile de comprendre pourquoi nous en raffolons tant : c'est tout simplement gras ! Mais du bon gras, évidemment. Je comprends mieux la valeur de cet aliment, sachant qu'il faut pas moins de onze à douze litres de lait pour en produire un seul de crème.

*

L'imprimante d'étiquettes pour les glaces n'a désormais plus de secret pour nous. La matinée animée par les mélodies de *Tendance Ouest* est une nouvelle fois pleine de bonne humeur – merci à Vianney pour sa constance sur les ondes. Il ne se passe plus une journée sans les notes de "Beau-papa". "Y'a pas que les gènes qui font les familles, des humains qui s'aiment suffisent", c'est vrai que ça sonne bien chez les Follet.

– Jour 59 –

Cela fait maintenant une semaine que notre réveil sonne à 5h30. Si nos corps s'y habituent doucement, nos nerfs disjonctent encore un peu de temps à autre et nos rires, d'habitude déjà assez libérés, deviennent encore plus faciles. Nous ne sommes qu'au troisième jour du calendrier de l'avent, mais l'esprit de Noël est déjà bien présent.

*

Les trois filles Follet sont absolument extraordinaires. Elles sont jeunes mais se gardent toutes seules. Elles sont coquettes mais ne loupent pas une occasion de salir leur cotte. Elles soignent leur coiffure mais se mettent en quatre pour trouver un prétexte pour enfiler une charlotte. Elles rigolent sans cesse mais travaillent bien à l'école. Elles traînent les pieds pour vider le lave-vaisselle mais rendent tout le temps service à la maison comme à la ferme. Elles parlent en continu mais retiennent tout ce qu'on leur raconte. Elles sont connectées à la technologie mais s'émerveillent de chaque cadeau de la nature. Elles sont gâtées mais généreuses. Elles sont belles, vives et attachantes. Bref, elles sont extraordinaires. Et nous, nous avons un don pour les exciter, avec batailles de guilis au menu chaque soir. Comme si leur énergie débordante ne suffisait pas. Hier soir, nous avons donné vie à la plus grande passion de Lisa, les pompiers : moi, simulant un accident de la route,

Ambre appelant à l'aide, et Lisa se jetant à la rescousse des blessés dans son uniforme de soldat du feu. Oups, c'est déjà l'heure d'aller se coucher… et les filles sont surexcitées comme jamais.

*

Traite du soir, bonsoir. Le ballet de vaches se poursuit, entraîné par le cliquetis régulier des trayons. D'ailleurs, c'est amusant de remarquer que les vaches se présentent presque à chaque fois dans le même ordre. Apparemment, ce défilé bien ordonné les rassure et respecte une forme de hiérarchie qu'elles établissent au sein du troupeau. Ce n'est donc pas un hasard si les dernières sont souvent blessées ou malades. Une vache aux mamelles larges et pendantes se présente en hâte. Ses pis frôlent quasiment le sol, gonflés de lait et d'impatience. Sa voisine, aux mamelles roses et légères, attend sagement. Il semble que Dame Nature soit tout aussi arbitraire pour les vaches que pour les femmes. J'attrape les trayons pour soulager la plus pressée. Je penche ma tête sous l'animal pour attraper la dernière mamelle quand, soudain, je sens un liquide chaud dégouliner dans ma nuque. La généreuse mère a choisi le moment le plus propice pour me remercier.

–Jour 60–

Noël approche à grands pas, et chez les Follet, impossible de l'oublier. À six heures et deux minutes, les décorations scintillent déjà dans la cour. Sapins, clôtures et gouttières sont ornés de guirlandes lumineuses. Nous enfilons nos crocs, notre blouse blanche, notre charlotte et saluons Hélène avec notre traditionnel "Hellooooo !!" Tandis que je l'assiste pour la finition des bûches, Ambre façonne de jolis petits pères Noël en glace pour régaler les enfants.

*

Le magasin nous attend pour garnir ses étals. Ce n'est pas la tâche la plus agréable puisque la mission se déroule à l'intérieur même des vitrines réfrigérantes. Ranger les petits pots de glace nous frigorifie les mains. Anne-Lise, la vendeuse du magasin, nous révèle toutes ses petites astuces de vente. Avec elle, un client venu acheter une simple glace repart souvent avec un panier rempli de produits fermiers. « Je vendrais même ma mère », plaisante-t-elle.

*

« Ça va vous changer, il n'y a pas de rétroviseur intérieur ! » nous prévient Hélène en nous lançant les clés du camion de livraison. Les bûches chargées, nous partons en direction de Saint-Valery-en-Caux pour livrer Hervé, le boulanger. Je découvre les joies de faire des créneaux-camions en pleine ville : un maximum de plaisir et de sensations garantis.

Hervé nous dévoile les coulisses de sa boulangerie, son organisation, ses farines bio, et nous fait même déguster son délicieux chocolat. Sitôt la sucrerie avalée, mon téléphone vibre dans ma poche.

« C'est Anne-Lise, vous êtes dans le coin les filles ? On me dit qu'il ne va pas tarder à y avoir vêlage ! »

VÊLAGE, VÊLAGE, VÊLAGE. Le mot fait dix mille tours dans ma tête. Nous enclenchons le mode super express pour remercier Hervé, et filons vers le camion. Pas une minute à perdre, nous en rêvons nuit et jour, il n'est pas question de louper le coche.

Une fois arrivées, nous courons à toute vitesse vers la stabulation. Nous nous retrouvons toutes essoufflées face à la génisse, qui n'a pas l'air d'avoir commencé quoi que ce soit. On croirait presque à une blague. Mais, immobile, elle se met à beugler en nous fixant. Elle a perdu les eaux et tourne en rond en attendant la sortie de son veau. Cela fait maintenant neuf mois qu'il est bien au chaud, lové dans l'utérus de sa mère, et il ne semble pas pressé d'en sortir. L'agitation retombe, le calme règne à présent dans l'étable. Certaines vaches sont couchées sur la paille, tandis que d'autres attendent, comme nous, debout. Les quarts d'heure passent et rien ne bouge. Nous sommes tentées de rejoindre le matelas de paille de nos consœurs bovines, bien nichées dans ce lit douillet aux mille vertus, qui leur assure un couchage mœlleux tout en faisant office de litière et d'isolant naturel.

La nuit est maintenant tombée, un vent glacial se faufile à travers la porte de l'étable. Appuyées contre le box de la future mère, nous patientons. Nous l'observons, et elle nous observe. Sait-elle que nous partageons son attente ? Pour elle comme pour nous, ce sera une première, et l'impatience de l'inconnu nous gagne toutes. Cela fait maintenant deux heures qu'elle a perdu les eaux, il ne faudrait pas que cela s'éternise. Mais voilà qu'Arnaud arrive d'un pas joyeux, un grand outil étrange en main, sorte de large pince greffée sur un long manche. Il s'agit de la vêleuse, le forceps des bovins, qui permet d'aller chercher le petit veau et de l'aider à sortir sans que la mère s'épuise quand l'accouchement tarde.

La première étape est de dilater le vagin de la génisse afin de créer un espace suffisant à la sortie du nouveau-né. J'attrape un long gant en plastique et enfonce ma main dans la vulve, puis mon avant-bras et quasiment mon bras entier. Je devine au toucher de menues pattes sur lesquelles repose une petite tête endormie. Il se présente bien, les voyants sont au vert. À l'intérieur, il fait chaud. Je comprends qu'il s'y sente bien. Arnaud attache les pattes avant à la vêleuse. Progressivement, il tire, relâche et recommence un peu davantage. Ces allers-retours continuent de dilater la vulve. Toutes les vaches de la stabulation se sont réunies autour du box. Curieuses ou solidaires, elles fixent ce spectacle natal. Arnaud est en nage, il s'active sur la vêleuse pendant qu'Ambre s'efforce de maintenir la vache le long de la barrière. Enfin, une petite tête brune pointe le bout de son nez. « Vous êtes prêtes les filles ? Au prochain coup, il sort ! Trois… deux… un… Bienvenue ! » Une boule de poils visqueuse vient de voir le jour. Arnaud dégage les naseaux, il respire, tout va bien. C'est un petit mâle. Bravo à tous ! C'est l'année des R, alors nous décidons tous ensemble de le baptiser Rush, en hommage à notre hâte et notre précipitation pour assister à sa naissance, et surtout en référence à tous nos rushs de vidéos, les ratés, les flous, ceux dont la bande son est inaudible, couverte par le bruit infernal du tracteur, à nos rushs dans le noir de la stabulation, à ceux où j'ai oublié d'allumer le stabilisateur…

Un émouvant premier “bonne nuit” à Rush après le dîner, et tout le monde file au lit.

–Jour 62–

Surprise matinale : deux petits veaux sont nés pendant la nuit. Ils s'appelleront Raoul et Rosita en dédicace au titre des Fatals Picards. Le métier d'éleveur ne s'arrête jamais, pas même le dimanche matin. Première leçon pour les nouveau-nés : apprendre à têter. Ambre introduit deux doigts dans leur bouche, puis, une fois qu'ils suçotent, elle les remplace par une tétine, et le tour est joué. On les emmène ensuite à la “crèche”, un bâtiment aménagé dans lequel les jeunes veaux sont répartis en fonction de leur âge. Ils sont d'abord isolés dans des box individuels, et après quelques semaines rejoignent le box collectif des maternelles, où débute la découverte de leurs camarades et les premiers pas de la socialisation. Ces petits bouts grandissent à une vitesse folle ! À seulement 2 mois, leur poids a déjà doublé, et ils boivent jusqu'à cinq litres de lait par jour. Ils rentrent alors dans la cour des grands.

*

Arnaud est occupé à nourrir les animaux. Comme d'habitude, il commence par les laitières : une portion quotidienne de plus de cinquante kilos par vache, et ce pendant tout l'hiver ! Du printemps à l'automne, ces demoiselles pâturent allègrement sur les prairies normandes qui entourent la ferme ; il faut compter pour chacune d'elles l'équivalent d'un hectare de prés et de champs. Au troupeau de soixante vaches laitières s'ajoutent les lots de taurillons, et les veaux à l'engraissement. La cantine Follet sert toutes ces bouches à l'aide d'un grand chariot télescopique, qu'Ambre obtient même l'honneur de conduire.

*

Guillaume et Aurélie, un couple d'amis, élèvent eux cent-vingt vaches à quelques minutes de route de la ferme Follet. Dans cette ferme 2.0, data et élevage se sont mariés au service du confort de l'éleveur. La ferme dispose notamment d'un robot de traite. Les vaches entrent dans le robot quand bon leur semble, ce dernier détecte leur puce électronique, scanne leur mamelle, y branche tout seul les trayons et leur distribue aussi leur ration alimentaire. Il obtient par la même occasion toutes les informations nécessaires sur leur santé et leur lait. Plus de données, c'est plus de précision. Mais gare aux idées reçues, le robot ne remplace pas l'éleveur ; il modifie seulement sa manière de travailler. Il permet certes à Guillaume de se libérer des deux astreintes de la traite, mais l'oblige toutefois à rester connecté en permanence à son téléphone. Il lui notifie les pannes, les analyses et anomalies. La stabulation est propre et les vaches se reposent sur des matelas en caoutchouc. Manon n'en croit pas ses yeux. « Quoi ? Mais c'est pas un matelas ça ! Y'a même pas de paille ! »

Comme dit Arnaud, « il faut de tout dans l'élevage, c'est là qu'est sa richesse ». Il n'y a pas qu'un modèle d'élevage laitier, mais plusieurs ; et c'est justement la cohabitation de tous ces modèles qui fait la force de notre savoir-faire. Actuellement, 15% des éleveurs ont un robot de traite, mais surtout, on estime qu'on en trouve dans 30 à 40% des nouvelles installations. La libération des astreintes pourrait-elle rendre le métier d'éleveur plus attractif auprès des jeunes ?

*

La confiance des Follet est débordante, déconcertante et touchante à la fois. Ils nous confient non seulement leur Duster, mais aussi leurs trois filles à bord. Nous partons voir la mer entre copines. Avec la musique à fond, dans un air de colonie de vacances, l'ambiance est à son comble. Déchaînées, les filles chantent, crient, rient. Au milieu de ce joyeux chaos je souffle à Ambre « C'est quand même drôle, comment on s'est retrouvées là, à faire partie de la famille ? À être animatrices, en plus d'être agricultrices ?! »

–Jour 63–

Il est six heures, la nuit s'attarde derrière les fenêtres du labo. Les pots de yaourts défilent sous nos yeux. Ambre les remplit tel un automate, puis je les ferme avec le couvercle en plastique. Vient ensuite le tour du riz au lait.

Une odeur divine envahit la pièce. Pour clôturer cette matinée et ce carrousel de desserts, place au vacherin. Ambre est chargée de réaliser le socle du gâteau, ce qui s'avère tout de suite beaucoup plus compliqué quand les portions sont individuelles. La jeune cuisinière s'imagine dans *Top Chef*. Elle étale une fine couche de chocolat sur une plaque, la met de côté au congélateur, puis en découpe des ronds à l'aide d'un emporte-pièce. Malheureusement, elle n'est pas dotée de la dextérité du chef Etchebest, et rares sont les disques de chocolat qui restent en un seul morceau. Ambre frôle la crise de nerfs lorsque son premier joli cercle se brise entre ses doigts.

La matinée, très productive malgré tout, s'achève par un déjeuner avec Arnaud et Hélène, comme tous les jours de la semaine. Cette fois-ci, nous appréhendons un peu le repas, car il nous semblait qu'Hélène avait l'air de plutôt mauvaise humeur. Il n'en est rien. Elle est en pleine forme et lance même un débat, dans un sourire frondeur : « J'aimerais quand même poser une question : pourquoi ce serait à nous, agriculteurs, de faire l'effort, de faire du bio, de faire mieux, pendant que tout le monde continue à prendre sa voiture, à prendre l'avion, à vivre sa vie normalement.... Pourquoi ce serait à nous, du secteur primaire, de faire l'effort à la place des autres ? »

Bien dit, Hélène ! Mais le bio est-il nécessairement la seule solution pour l'agriculture ? Plusieurs modèles, adaptés aux contraintes de chaque territoire, ne peuvent-ils pas cohabiter pour nourrir les Français ?

Les chevaux sont lâchés. « Il faut bien produire pour nourrir les hommes, et pour le moment c'est pas avec le bio qu'on va nourrir le monde ! » « Et puis bon, il faut en vivre ! Parce que si les vaches produisent moins, les rendements sont moins bons ! » « De toute façon, ceux qui ont créé le bio, c'est aussi pour se faire de l'argent, faut pas se leurrer. »

Mais est-ce vraiment mal de vouloir innover pour tenter de gagner sa vie, de se verser un salaire décent ? D'un point de vue économique, le bio peut représenter un positionnement stratégique, un caractère de différenciation, pour se distinguer des concurrents et satisfaire une population désireuse de manger plus sainement. S'il y a une demande, que les producteurs bio s'y retrouvent financièrement et que, anecdotiquement la planète s'en réjouit, où est le problème ?

« Le bio d'Espagne, c'est pas forcément mieux ! »

Un partout, balle au centre. Il y a quand même un paradoxe. D'un côté, Hélène range le bio dans les "efforts" qu'on lui demande, pour faire "mieux". De l'autre, elle n'est pas absolument convaincue de l'impact que cela aurait. En fait, cette supposée meilleure manière de produire ne l'est pas forcément pour elle, mais l'est de toute évidence pour l'opinion publique en majorité. Je comprends alors qu'elle se sent obligée de "faire des efforts" pour contenter l'opinion. C'est qu'elle ne se rend pas bien compte à quel point tout ce qu'elle fait est déjà formidable ! Elle innove chaque jour, s'engage, travaille d'arrache-pied, sans compter ses heures, pour proposer des produits locaux à des prix abordables, en prenant soin de ses prairies et de ses bêtes. Sans qu'elle en ait pleinement conscience, la pierre qu'elle apporte à l'édifice est déjà colossale.

En sortant de table, la discussion nous laisse une impression désagréable. Elle nous peine pour nos hôtes. Au-delà du cas d'Hélène, pourquoi nos agriculteurs, qui nous nourrissent chaque jour, et se mettent en quatre pour améliorer leurs pratiques continuellement, doivent-ils en permanence se justifier, se défendre ? Comment en sommes-nous arrivés à entendre un couple d'agriculteurs expliquer à deux jeunes citadines qu'ils n'utilisent leur voiture que pour les "déplacements utiles", et qu'ils "ne prennent pas trop l'avion", alors qu'ils arrivent à peine à prendre des vacances ? On marche sur la tête. Sans eux, nous ne mangeons pas. Et nous ne mangerons pas "mieux", quoi que cela veuille dire.

–Jour 66–

Aujourd'hui Hélène part en livraison à Meudon, ma ville natale, à deux heures de route de la ferme. Elle approvisionne Paris et sa banlieue en desserts fermiers grâce à *La Ruche qui dit Oui !*, une plateforme en ligne qui connecte agriculteurs et consommateurs. Hélène se regroupe avec plusieurs producteurs voisins pour mutualiser leurs livraisons hebdomadaires. Et l'avantage avec les prix parisiens, c'est qu'ils amortissent les frais de transport.

Pendant ce temps, à la ferme, c'est spectacle rodéo ! Le vétérinaire doit effectuer des prises de sang sur un lot de taurillons récemment arrivés. Toutefois, ces jeunes mâles non castrés n'ont aucune envie qu'une seringue vienne les chatouiller. Le plus nerveux du groupe lance même un high kick qui vient nous frôler les oreilles.

–Jour 67–

Un message d'Édouard s'affiche sur mon téléphone. Tiens donc, une photo de Julien de Normandie[3], qui visionne la vidéo de présentation de notre projet, avec la légende "il est dithyrambique". Sur le Champ s'invite dans les coulisses du Ministère. Qui l'eût cru ?

Cette nouvelle nous procure à la fois un intense sentiment d'excitation, et une impression de vertige. Avec Ambre, nous rions de nervosité, en nous pinçant chacune le bras pour être bien sûres d'avoir lu la même chose. Nous n'avions jamais imaginé que notre projet prendrait une telle tournure : cette petite "créature de Frankenstein" prend maintenant vie seule, et nous surprend nous-mêmes chaque jour.

–Jour 68–

C'est le dernier jour d'Ambre à la ferme Follet. Elle partira demain, au matin, et en attendant savoure tous les derniers moments : la dernière découpe de bûche, le dernier passage dans la chambre froide, la dernière livraison avec le camion, la dernière traite, la dernière sieste profonde dans le canapé… Elle en profite pour faire une expérience, goûter le lait au plus près de la source, directement du pis de la vache. Il est chaud et délicieux. Quel plaisir de sentir la vraie saveur du lait frais. Nous nourrissons les petits veaux. Certains paniquent encore à la vue de la tétine. C'est amusant de noter que chacun a déjà sa petite personnalité. Rush est le grand garçon de la bande. Raoul et Rosita, les deux nés naturellement, sont remuants et débrouillards, tandis que Rêveur porte bien son nom.

Pour ce dernier dîner tous ensemble, nous trinquons à notre séjour autour de Spritz maison. Hélène nous tend un gros carton, qui pèse bien son poids : « on s'est dit que vous n'auriez pas forcément le couvert partout où vous irez », nous dit-elle, les yeux pétillants. Elle nous a préparé une petite sélection de produits 100% normands pour nous régaler dans les moments compliqués de la suite de notre voyage. Hélène n'est, au quotidien, pas très expressive ; ce n'est généralement pas évident d'imaginer ses sentiments et de sentir sa reconnaissance. Cette attention est sa façon de la formuler. Nous sommes touchées.

–Jour 69–

Ambre boucle ses derniers sacs, elle est chargée comme une vache normande prête à vêler. Elle passe dire au revoir à ses petits chouchous, Rush, Raoul, Rosita et Rêveur, et bien sûr à nos hôtes, déjà bien occupés en salle de traite. Dans le bleu encore profond du petit matin, nous sommes tous émus. La larme qui perle au coin de l'œil d'Arnaud parle d'elle-même.

Tandis qu'Ambre embarque dans un train pour rejoindre ses proches dans les Alpes, je reste, quant à moi, quelques jours de plus à la ferme : pas facile de quitter ce petit cocon idyllique. Je m'octroie un petit bonus, une étoile sur la bûche de Noël. En rentrant de la gare, le soleil se lève, la nature s'embrase autour de moi, comme si elle m'accompagnait pour combler le vide laissé par le départ d'Ambre.

Mais la journée des Follet me réserve des découvertes insolites, et ne me laisse pas le temps de tergiverser. Nous partons visiter la ferme d'escargots de Jean-Baptiste : il en élève 350 000 par an. Il les cuisine, les transforme puis les vend en circuit court. Je découvre ce métier aux tâches plus méticuleuses les unes que les autres : décorticage, lavage, garniture. De nouveau, j'admire avec joie la fièvre des passionnés.

–Jour 70–

C'est un lundi comme les autres : je rejoins la salle de traite à six heures. Sur le chemin, une douce pellicule de brume se dépose sur mes cils encore engourdis de sommeil.

J'aide Arnaud à la traite. Parfois, je m'interroge sur mon degré d'utilité. Mais d'après mes calculs, j'estime que ma présence fait tout de même gagner au total une bonne demi-heure. À deux, on va nécessairement plus vite. L'un branche les vaches aux trayeuses pendant que l'autre se charge d'en faire entrer six nouvelles. Toutefois, la durée de traite est incompressible, entre 6 et 9 minutes par vache. Finalement, je crois que ma vraie "utilité" ne réside pas dans cette demi-heure gagnée ; j'ai l'impression que ma compagnie à la traite est plus précieuse pour Arnaud. Il faut dire que traire soixante vaches tout seul à six heures du matin, ça ne doit pas être très fun tous les jours. Il fait nuit dehors, on est encore un peu ensommeillé, et les gestes sont plutôt répétitifs. Être à deux change pas mal la donne, au moins pour bavarder, commenter les nouvelles à la radio. Je fais au mieux pour apporter mon enthousiasme à sa routine quotidienne, aussi belle et nourricière que répétitive et astreignante.

Arnaud m'attribue une nouvelle mission : pailler les boxes des petits veaux. Je me rends compte que j'apprécie énormément la confiance permanente qu'il me donne. Il me montre une seule fois comment faire, puis vaque à ses occupations, sans s'inquiéter de ma capacité à réussir la tâche confiée. C'est si plaisant. C'est si motivant. C'est si inspirant. Si l'on m'avait dit qu'il fallait quitter les bancs d'HEC et se rendre dans des fermes pour prendre d'authentiques leçons de management… À fond dans mon nouveau rôle, j'enlève toutes les cinq minutes une nouvelle couche de vêtement. Le paillage, ça réchauffe ! Ça y est, les petits veaux dansent dans leur box tout juste paillé. Une récompense immédiate, comme j'aime.

Je remarque que Raoul et Rush sont un peu mous du genou ce matin. Je transmets l'info à Arnaud qui s'en va acheter des piqûres chez le vétérinaire.

La bonne humeur est au rendez-vous, et pour cause ! Les commandes de bûches de Noël pleuvent sans arrêt. Nous ne sommes que le 19 décembre et la ferme Follet réalise déjà son record de ventes.

*

Depuis plusieurs soirs, Arnaud ressort après le dîner pour "aller voir sa génisse". Les jours passent, elle ne devrait pas tarder à vêler. Cette fois, il semble que c'est la bonne. Après un dîner en famille très joyeux et animé, nous retrouvons la génisse à l'étable. J'enfonce ma main dans sa vulve, je commence à avoir l'habitude, et le veau me paraît énorme. Ses pattes sont très larges. Il doit sûrement s'agir d'un mâle.

Je tiens la vache pour aider Arnaud, qui transpire de tout son corps. La gymnastique est longue. Il grimace à chaque aller-retour de la vêleuse dans la vulve. Je l'encourage, le relaie. Le vêlage est laborieux. La génisse tarde à se coucher. La tête du veau sort progressivement. Arnaud a des doutes. « Hmm je crains qu'il soit mort… » Très vite, le doute n'est plus permis. Même avec mon regard de novice et seulement un vêlage au compteur, je peux affirmer sans prendre de risque : « il est mort ». Ses yeux sont clos et secs, sa langue est pendante. Ses narines excrètent un liquide transparent. Ce lourd corps inerte peine à sortir. Arnaud tire de plus belle. Il est très essoufflé. La vache meugle, de plus belle elle aussi. Après un ultime effort de la génisse, qui pousse une dernière fois, un petit être poilu atterrit enfin sur le matelas de paille.

Je vérifie, c'est bien un mâle. Il est si gros. Il est mort.

Arnaud le tire en dehors de la stabulation.

« Le pire, c'est qu'on ne sait pas pourquoi », souffle Arnaud. À dix-sept heures aujourd'hui, je recevais un SMS de sa part, m'annonçant un vêlage : « Il va avoir lieu dans les trois heures qui arrivent. Pas tout de suite, mais je te tiens au courant ». Arnaud connaît l'effet que le vêlage a sur moi, il sait qu'une naissance me ferait sortir de mon lit même au milieu de la nuit. Il connaît aussi ses animaux par cœur, il a le flair de l'éleveur. Il n'a pris aucun risque en l'annonçant. Sa génisse, il l'observait depuis plusieurs heures. On ne peut pas dire que c'est arrivé par manque de surveillance. C'est tellement frustrant d'être confronté si subitement à la mort sans en comprendre la cause.

Je garde la tête haute devant Arnaud. Je serre les dents et fais mine d'être familière avec cette fréquentation de la mort. Je tente de trouver les mots justes. Un sourire compatissant suffit. « Ce n'est pas grave, tu as fait de ton mieux. C'est la vie. » Je joue la dure-à-cuire, mais la fatigue accumulée, alliée à ce triste événement, fait monter des larmes que je m'empresse de cacher. Je contracte bien fort ma mâchoire et continue à me rendre utile comme je peux. Maintenant, il faut que la génisse se lève. Elle ne peut pas rester allongée, elle risque de "s'embourber", comme dit Arnaud. Il faut qu'elle marche. Branle-bas de combat. Arnaud essaie de la soulever pendant que je tiens la barrière grande ouverte. Je sens que ma présence, au moins, soutient un peu Arnaud. La vache finit par se lever, l'air un peu engourdi.

Après un "bonne nuit" éclair, je rejoins le gîte, accompagnée par un splendide ciel étoilé, et les yeux humides de larmes.

– Jour 71 –

Ce matin, la mère du veau mort-né refuse d'entrer dans la salle de traite. Elle se bute, elle renâcle. Ce passage est pourtant incontournable pour la libérer de son lait et éviter une infection mammaire, appelée mammite. Elle finit par accepter, mais je sens qu'elle est stressée. D'ailleurs, elle donne à peine un litre de lait.

Le compresseur d'Hélène est en panne. Cette machine est un incontournable du labo : elle permet de gagner un temps fou en versant les glaces dans les divers contenants. Panique. Cette panne, c'est la cata, comme on dit par ici. Heureusement, Arnaud, alias MacGyver, est doté d'une sacrée débrouillardise doublée d'une persévérance inébranlable. Il court à la rescousse d'Hélène qui, quelques jours avant Noël, n'a pas une seconde à perdre pour honorer ses commandes, chaque jour plus nombreuses.

C'est enfin l'heure du moment tant redouté, dont nous nous abstenons de parler depuis plusieurs jours : le vrai départ. « Toutes les bonnes choses ont une fin. » J'aimerais m'envoler, aussi facilement que les mouettes qui picorent les champs, à l'arrivée du tracteur. Partir dans un battement d'ailes, en lançant mon traditionnel "allez ciaao". Je n'aime pas dire au revoir, surtout quand je ne sais pas s'il s'agit d'un adieu. Je perds mes mots au moment de dire merci, tellement ceux qui me viennent me semblent faibles, insignifiants face à tout ce que j'ai reçu. Je fuis les regards embués de peur d'y céder, et occulte la nostalgie qui m'envahit derrière un sourire gêné. C'est étrange, j'ai le sentiment de devoir revenir. Sûrement parce qu'ici, nous avions très bien trouvé notre place, notre rythme, et que notre présence aurait été utile encore quelque temps.

Je rejoins ma petite C3 qui m'attend patiemment pour de nouvelles aventures, chargée de glaces, de yaourts et de souvenirs.

*

L'année 2020 s'achève. Elle aura été fantastique, débutée avec Ambre à 3 000 mètres d'altitude sur le Mont Brûlé, en Italie. Inspirées par la vie de notre guide d'alpinisme Serge Rœtheli, c'est là que l'envie de partir à notre tour à l'aventure a vu le jour. Les escapades reprendront bien vite en 2021.

Sur le Champ : le projet d'un an ou celui d'une vie ?

Notes

1. Radio locale
2. Combinaison de travail à fermeture éclair
3. Ministre de l'Agriculture

Chapitre Quatre
Buxor – Chez Nicolas – Larzac

Redonner vie aux sols grâce au buis.

–Jour 72–

Deux rails côte à côte dessinent un serpentin dans le lointain, avant de venir se croiser à quelques mètres de la sortie de gare. Trois trains attendent la montée des voyageurs. Un homme fume une cigarette devant la porte du wagon. Une dame monte à bord avec un caniche. L'ambiance ferroviaire me donne la bougeotte. Le béton me colle aux baskets. Heureusement, Ambre vient d'arriver. Vite, filons! Quittons ce brouhaha de gens pressés. Direction Marne-la-Vallée.

Que faisons-nous dans cette périphérie parisienne bordée de zones industrielles et de centres commerciaux, et connue avant tout pour abriter le gigantesque parc Disney?

Tout est parti d'un appel à l'improviste de notre prochain hôte, Nicolas. Il élève des cochons sur les causses du Larzac, dans le sud du massif central, mais il a aussi créé et développé une entreprise qui récolte, transforme et distribue du buis pour redonner vie aux sols. Le broyat est utilisé en agriculture, mais aussi pour les pistes de chevaux de course: une invention en apparence étonnante qui a piqué notre curiosité. « Les filles, ça vous dit de commencer par venir avec moi sur un chantier, ça va être top on va s'éclater! Et puis j'ai besoin de bras. »

« - Bon… ok, c'est parti! »

Au lieu de partir directement dans le Larzac, nous rejoignons donc provisoirement Marne-la-Vallée. « Quelques jours, pas plus » a promis Nicolas. Il est attendu par une cavalière fortunée, qui lui a lancé un défi : réaliser une piste de galop pas comme les autres, où l'humus remplacerait le sable de carrière. La mise en place d'un tapis de broyat de buis rendrait la piste plus ergonomique, en donnant la sensation de rebondir sur un sol forestier naturel tout en préservant les articulations des chevaux, et la fondrait mieux dans le paysage.

Le buis est la raison de notre rencontre avec Nicolas. Son ubiquité fascine. Comme notre agriculteur, il est tout terrain. L'arbuste supporte aussi bien le froid que le chaud et s'épanouit sur tout type de sol, même sur les terres rocailleuses du plateau du Larzac. Dans la mythologie grecque, il incarne le cycle de la vie, l'éternité. Les chrétiens bénissent ses pousses, une semaine avant Pâques pour le dimanche des Rameaux et de la Passion. Le rameau de buis avec lequel repartent les fidèles de la messe reste vert toute l'année, symbole d'immortalité. Encore de nos jours, dans certaines familles bretonnes, chaque membre conserve un rameau de buis toute sa vie, jusqu'à ce qu'il bénisse son cercueil. Le buis est magique, image d'éternité. Il est aussi porteur de fécondité et de création, puisqu'en se décomposant, il transforme les terres arides en sols fertiles. Au Moyen-Orient, on échangeait même des composts de broussailles contre de l'or, la fertilité étant la plus grande des richesses ! Cette pratique, autrefois appelée "Buxus Aurum" (en latin, "du buis contre de l'or") a donné son nom à l'entreprise de Nicolas : Buxor.

La station Val d'Europe indique notre arrivée. Nicolas nous envoie un texto : « je suis en panne sur un rond-point, l'injection s'est coupée ». Nous finissons par le retrouver, coiffé d'une lampe frontale, bricolant à l'arrière d'un 4x4 auquel est reliée une remorque portant un gros quad. Enchantées ! MacGyver traficote dans tous les sens, sort les fusibles un à un, démonte les batteries, lance des petits coups d'éther dans la pompe à air… Mais la voiture ne démarre pas. Alors il repart sur une autre piste. Après une petite heure de cours de mécanique, l'attelage repart… pour s'arrêter dans le parking souterrain du supermarché voisin. « Désolé les filles pour le coup de la panne dans un parking glauque ! », plaisante Nicolas.

Nous alternons comme cela les pannes et les sauts de puce. Après une ultime tentative infructueuse, Nicolas, élu le plus têtu parmi les têtus de sa section militaire – ô surprise – capitule enfin, et se résout à demander aux gérants de notre gîte de venir nous chercher.

Avant de nous coucher, Nicolas tient à nous initier à son jeu fétiche, le poker menteur, appelé "chapeau" sur le plateau du Larzac. « Vous verrez, là-bas c'est la base pour s'intégrer et se faire respecter. »

–Jour 73–

Une grande allée blanche, immaculée, est flanquée de deux rangées d'arbres taillés à l'anglaise. Sur le côté, un cheval habillé d'une couverture plus propre que mon manteau est promené en longe. Sa silhouette est élancée, ses sabots noirs brillent et sa crinière semble tout juste sortie d'un brushing chez le coiffeur. Apparemment, sa valeur avoisine celle d'une Ferrari. Son apparence toute pimpante contraste légèrement avec celle de Nicolas, vêtu comme s'il allait partir en mission commando. Dans cet univers où tout est blanc et rouge, on ne voit que lui, avec son camouflage kaki.

Première mission pour nous : aller récupérer le char de Nicolas abandonné la nuit dernière. La propriétaire du haras nous prête sa voiture, une fringante Tesla S rouge. Nous n'aurions pas pensé nous retrouver là, à conduire le petit joyau d'Elon Musk, avec nos grosses chaussures crottées aux pieds.

–Jour 74–

Avons-nous atteint le summum de l'absurde ? Depuis maintenant quatre heures, nous étalons avec un râteau des copeaux de buis sur une piste de galop, sans voir aucun résultat. Pendant ce temps, Nicolas déverse délicatement des poignées de paillettes boisées depuis la remorque de son quad. Le processus est extrêmement lent. Je ne comprends pas cet acharnement pour le détail, pour le moindre espace de la piste qui rebondit moins, pour la petite flaque mal placée, le morceau de gravier inconfortable. Le sens profond de la tâche, et de ma présence ici-même, m'échappe. Je ne dois pas avoir l'esprit d'une milliardaire, ce genre de lubie me dépasse. À quoi bon dépenser tant d'énergie pour recréer un sol qui existe déjà naturellement dans la forêt ? Mes bras sont en compote et mes mains gelées. Va plutôt galoper dans les bois, ma chère Marie-Elise !

Notre mystérieux agriculteur se dévoile progressivement au cours du déjeuner. Nicolas est un rescapé. À dix-sept ans, une chute en vélo lui a valu quarante-sept jours de coma, un visage rafistolé et treize nouvelles dents ; d'où les quelques cicatrices résiduelles qu'il a çà et là. Nicolas est bavard. Ses histoires de l'armée nous laissent bouche bée. Son envie de sauver le monde nous rassemble et nous anime. Parfois pourtant, son discours frôle la déprime. Le monde tel qu'il est, technologique et numérique, est-il voué à s'effondrer ? N'est-il pas dans la nature de l'homme de se rapprocher de la terre ? Y a-t-il plus gros fléau que l'immobilisme actuel ? Pourquoi les politiques n'apportent-ils aucune solution ? Qui détient le réel pouvoir ? Poutine ? Les milliardaires ? Quant à nous, à force de viser les carrières intellectuelles, ne nous trompons-nous pas d'idéal ? Pierre Rabhi, par exemple, soutient qu'il est urgent de faire passer la part de la population travaillant dans le secteur primaire de 10% actuellement à 60%. Qu'est-ce qu'on fout alors ?

L'après-midi, nous sommes de retour sur la fameuse piste, qui reste beaucoup moins fun qu'une piste de ski ou de danse. Sur ce chantier, Nicolas travaille beaucoup avec l'aide de machines ; notre rôle consiste donc à lui faciliter la tâche et à fluidifier ses manœuvres, ce qui se résume en général à remettre en place la grille à l'arrière du quad, qui sert de repoussoir pour l'épandage de la matière. Notre activité est limitée mais nous faisons tout de même gagner de précieuses minutes à Nicolas dans l'enchaînement des remorques. Et puis, avec Ambre, nous ne voyons pas le temps passer : après une séparation record d'une semaine, nous avons tant de choses à nous raconter ! Au fil des heures, la piste prend forme et notre agriculteur se détend. Nous enfourchons le quad pour aplanir les copeaux de buis. Malgré le maximum de 13 kilomètres heure et la piste molle, nous nous prenons à rêver de Formule 1.

–Jour 75–

L'objectif est de boucler le chantier aujourd'hui, pour avoir le temps de réparer la voiture et partir sereinement demain matin. Un déjeuner une nouvelle fois exalté de grands débats philosophiques anime la journée.

Les finitions avancent. Elles nous donnent l'impression de mettre des petits pansements sur de grosses plaies : il faut combler des trous d'eau avec les copeaux, absorber tout un terrain marécageux pour que le sol soit capable de porter des chevaux de 500 kilos qui valent plusieurs centaines de milliers d'euros. La solution de Nicolas fonctionne petit à petit, mais le biotope du parc est vraiment complexe et peu adapté à l'installation d'une piste de galop. La mission semble impossible, mais l'agriculteur s'entête pour rendre possible l'impossible. C'est son leitmotiv.

Miracle, le chantier touche à sa fin ! Une mission achevée, il faut passer à la suivante : la réparation du 4x4 ; si l'on veut, un jour, espérer découvrir le plateau du Larzac. « Ce doit être la courroie... filez moi du papier, je vais faire un plan. » MacGyver est de retour. Il tente tout, des fusibles au cran de position, en passant par la courroie et l'injection, mais rien n'y fait. Quand nous nous couchons, notre départ, le lendemain, est toujours aussi incertain.

–Jour 76–

Nous partons à l'aube, direction... la gare de Marne-la-Vallée. Finalement, opter pour le train nous assurera de récupérer la Sur-le-Champ-Mobile aujourd'hui à Clermont-Ferrand, où Marie-Hélène, la grand-mère d'un ami, nous a gentiment prêté son parking. Nicolas, lui, a pris la route avec le capricieux 4x4. Nous lui lançons un "à ce soir !" guilleret, tout en sachant bien qu'il risque fort de dormir dedans.

Clermont-Ferrand tire son surnom de "ville noire" de la couleur des pierres volcaniques qui ont servi à bâtir son centre-ville. La grande cathédrale s'y élance majestueusement, faisant planer une ombre sombre sur les quartiers alentours.

Marie-Hélène nous accueille avec bonhomie. « Mettez vos sacs dans la voiture, et montez ! Je vous ai préparé un repas froid. » Notre nouvelle mamie sert de copieuses assiettes dans une petite cuisine où la table est déjà dressée. Elle s'assoit à nos côtés pour partager une farandole de fromages, desserts, et petites sucreries, ainsi que quelques anecdotes qui ont émaillé ses quatre-vingt-cinq longues années. Son optimisme et son enthousiasme sont déroutants. Nous nous regardons en riant, émues de cet accueil généreux si inattendu.

Après ce joli moment, nous mettons le cap sur le Larzac. Le paysage évolue au fil des kilomètres : la Lozère, le viaduc de Millau, le parc régional des Grandes Causses, les Cévennes et enfin le plateau aride et à perte de vue du Larzac. Nous avons vraiment le sentiment d'arriver au bout du monde. Les collines se succèdent, les villages laissent place à la broussaille, et à la nuit tombée, nous arrivons devant un grand portail orné d'un scarabée en fer forgé. Au loin, une forteresse se dresse, éclairée par endroits. La façade de l'imposante demeure se divise en deux, entre un hangar en pierre et la maison en bois. Marie, la femme de Nicolas, nous accueille avec son grand sourire, ses trois filles et Guillaume, le jeune stagiaire parisien, encore plus entouré de filles. Heureusement que nous ne sommes pas les plus girly du lot. Lilou, treize ans, a déjà pris l'habitude de torturer le pauvre stagiaire avec sa machine à ongles pour vernis semi-permanent. Le dîner, rythmé par les interventions des filles, nous permet de faire connaissance avec la petite tribu.

Quand tout à coup, surprise ! Des phares éclairent au loin : Nicolas arrive. Il est vingt-trois heures, mais à force de persévérance, il est parvenu à réaliser la route dans la journée.

*

Un petit studio attenant au grand hangar sera notre cocon pour les prochaines semaines. L'ambiance est chaude, des tapisseries et des tapis berbères décorent les murs. Les charpentes en bois exhalent une odeur rustique de cale de bateau.

–Jour 77–

Un soleil frais et sec se lève sur le Larzac. Aujourd'hui c'est samedi, notre première journée au Club Med Buxor. Nous partons avec Guillaume à l'assaut du Roc Blanc, l'impressionnante montagne qui se dresse au loin. Avec ses 942 mètres d'altitude, c'est le point culminant du massif de la Séranne, qui domine la vallée de la Vis, rivière iconique du parc national des Cévennes.

Nous escaladons de petits monticules rocheux, zigzaguons à travers les broussailles et longeons les précipices de la falaise. J'aperçois un petit écureuil roux traverser le chemin juste devant nous. Un groupe de chasseurs guette patiemment. Ils sont alignés à quelques centaines de mètres d'intervalle et pointent en direction de la vallée, prêts à tirer. Nous nous signalons, ils nous font signe de passer mais glissent tout de même sèchement : « on chasse, faites attention quand même ». Je me demande ce que cela peut bien signifier pour nous, qui ne portons pas les armes, mais je fais confiance à l'arc-en-ciel formé par la juxtaposition de nos blousons de marche bariolés. Officiellement, ils chassent le sanglier, mais Nicolas explique qu'ils espèrent également croiser le loup qui sévit depuis quelque temps parmi les troupeaux de moutons de la vallée. Trois planeurs jouent silencieusement au sommet du Roc Blanc ; ils voltigent, remontent, se croisent puis surfent le long de la pente verte et rocailleuse.

Enfin, nous y sommes ! La formidable vue panoramique dévoile les chaînes de montagnes enneigées d'Espagne, la mer Méditerranée et les petits villages de la vallée. Les différents points de vue que nous croisons au cours de la descente nous coupent le souffle. Un vieux château fort à l'abandon nous offre une halte opportune, et nous replonge dans le quotidien d'une époque oubliée. Intrigués par notre présence, deux chevaux sauvages nous suivent sur quelques kilomètres, avant de repartir au galop. Une ferme d'élevage d'Aubrac se dessine en contrebas ; ses veaux et vaches au pelage douillet pâturent librement sur ces grandes prairies.

Entre la beauté des paysages et la conversation de Guillaume, nous n'avons pas vu passer les vingt-six kilomètres indiqués par le compteur en arrivant à la maison. Nous couronnons cette belle journée chez Maurice, le voisin de la ferme, pour notre première partie officielle de "chapeau". Les tisanes et les tartes qui nous attendent, mais surtout la chaleur du lieu et son sourire nous offrent un réconfort bienvenu après tous ces efforts. À soixante-dix ans, il déambule en savates, et ses ongles d'orteils sont colorés. Une petite mèche bleue pigmente le blanc de ses cheveux et vient s'assortir avec ses yeux couleur océan. Le jeu ne nous dresse qu'une simple esquisse du personnage qu'est Maurice.

–Jour 78–

La découverte du Larzac continue, pour ce jour numéro deux au Club Med Buxor. Décidément, nous enchaînons les loisirs, ce qui n'est pas vraiment dans nos habitudes cette année. Allons-nous un jour commencer à travailler ? Guillaume nous emmène rejoindre Gabriel et Zakary pour escalader le Cirque du Bout du Monde, un amphithéâtre rocheux de 530 mètres d'altitude qui porte très bien son nom. Gabriel, ancien apprenti chez Buxor qui s'est joint à nous, agile comme un singe et rusé comme un renard du haut de ses dix-sept ans, saute de prises en prises, place les dégaines, et nous ouvre la voie. Parvenue en haut, je me retourne pour contempler le vide infini qui nous sépare de la vallée. On se sent, en effet, transporté au bout du monde. Entre adrénaline et rires, l'après-midi nous laissera des émotions dont on se souviendra. Je descends de ma toute première voie avec des étoiles dans les yeux.

–Jour 79–

Ça y est, le travail commence enfin. Aujourd'hui, nous devons récupérer les invendus de légumes des magasins bio pour nourrir la trentaine de cochons bio que Nicolas élève en plein air. Il forme ce qu'il appelle des “porcs commando” : avec leur apparence de sangliers, ces cochons s’adaptent aux variations extrêmes de température et acquièrent même une autonomie propre. Ils apprennent ainsi à ne pas attendre d’être nourris par l’éleveur pour obtenir leur apport calorique. Poussés par leur instinct sauvage, ils soulèvent les troncs pour y trouver des insectes, grignotent les tubercules, jeunes pousses et toutes autres ressources disponibles. Nicolas veut leur enseigner l’adaptabilité et la résilience. Il autorise néanmoins parfois un petit bonus alimentaire à leur portion de base : c’est ce que nous allons chercher ce matin.

Nous attelons la remorque, chargeons les pelles et montons à bord du bolide de Maurice, qui nous conduit sur la route des magasins bio de la région, mais surtout sur les routes des elfes, des fées, des énergies, de la spiritualité… kilomètre après kilomètre, Maurice déroule sa vie, ses histoires, ses rencontres, ses miracles, ses intuitions. Face à notre réceptivité, il nous délivre tout, sans filtre, avec une énergie si intense qu’elle nous désarçonne. Nous le relançons, sourions, acquiesçons. Nous buvons ses paroles avec une telle avidité, une telle concentration, que nous finirons la journée complètement épuisées.

Nous sommes interrompus dans nos palabres par de multiples arrêts pour collecter les invendus. Poireaux, choux, clémentines, salades, carottes… baignent dans un jus à l’odeur relevée. Nous creusons avec la pelle à neige dans les bacs et remplissons les contenants de la remorque. Pour compléter les fruits et légumes, nous passons également délester deux boulangeries : nous récupérons des sacs remplis de brioches au chocolat, pains aux olives, pains de campagne… et décidons qu’ils nourriront bien trois animaux à deux pattes avant d’être donnés aux cochons. Nous passons par Pézenas, Clermont-l’Hérault et Agde, où nous passons voir la mer. L’eau est pure, la plage déserte. La remorque est maintenant pleine : nous avons collecté plus de 1 200 kilos de nourriture. Les visites des coulisses des magasins bio nous ont plu, mais nous sommes davantage obnubilées par le flux continu de paroles percutantes sortant de la bouche de Maurice. Elles se résument en quatre mots, “la vie est parfaite”, d’un optimisme sans limite qui lui fait dire que chaque jour est “le plus beau jour de sa vie”.

–Jour 80–

Surplombant le magnifique Cirque de Navacelles, le belvédère de Blandas est un lieu exceptionnel, classé site historique, et visité par 200 000 touristes chaque année, notamment en raison de ses pierriers bâtis qui datent de plusieurs milliers d’années. Aujourd’hui nous l’avons pour nous, et notre mission n’est pas des moindres : débroussailler les lieux. La commune a fait appel à Buxor pour éclaircir le site afin de faciliter le passage des randonneurs et éviter le déclenchement de feux de forêt. La broussaille récoltée servira de matière première pour produire les fameux copeaux. Bref, tout le monde y gagne. Et nous aussi ! Même si le travail est physique, nous sommes en tee-shirt en plein mois de janvier. Le soleil radieux nous réchauffe le dos.

Nicolas enfile sa ceinture-télécommande pour diriger à distance son très très grand jouet. Sa machine, surmontée d’un bras articulé doté d’une immense pince-sécateur, sert à sectionner les buis. Cette mâchoire de T-Rex coupe la broussaille puis dépose la matière dans le broyeur, dont ressortent les copeaux. Ces derniers reproduiront le fonctionnement naturel d’une forêt en créant un cadre propice pour la prolifération de la vie. La méthode viendrait des commanderies templières. L’énorme machine–dinosaure ne fait donc que réinventer un savoir-faire ancestral.

Le travail de Nicolas est très minutieux : il doit faire slalomer sa machine entre arbres et pierriers, tout en nous évitant nous, qui sommes en train de charger le broyeur et de couper les broussailles résiduelles au sécateur. Pour la première fois, nous découvrons les engins de Nicolas en action, et comprenons l’ampleur du travail de recherche et de mécanique qu’il fournit depuis des années. Buxor cherche à trouver une façon de dupliquer son système à grande échelle pour le rendre accessible à tous, car générer assez de broussailles pour créer assez de sol est très fastidieux. La collecte a même longtemps été réalisée par des bagnards. Sécateur en main, je prends leur place le temps d’une journée. Je coupe le buis dans les recoins que les grosses machines ne peuvent atteindre. Les tiges sont fermes et flexibles, et ne rompent que difficilement. En faisant levier avec mon pied sur le sécateur, je parviens à gagner en force et en efficacité, mais je me fatigue vite. Seulement quelques semaines de plus et je pourrai jouer pilier au rugby.

La journée avance bien, quoique ponctuée de petits problèmes techniques, réparés sans trop de soucis par Nicolas, et nos petits bras déterminés. Mais à l'heure de faire un tour de la parcelle pour estimer l'ampleur du travail restant, Nicolas découvre avec effroi l'effondrement du plus beau pierrier, le plus gros, le plus visible. À l'inquiétude immédiate succède rapidement l'enquête : comment est-il possible qu'un tel édifice se retrouve à moitié par terre ? Les indices mènent vite à Johnas, un jeune employé de Buxor… Il voulait pourtant bien faire, mais il a manié les engins trop près de la zone sensible et a déchaussé une pierre, provoquant l'éboulement du monument. C'est la douche froide pour Nicolas, et d'autant plus difficile à accepter qu'il avait reçu cette mission en particulier pour préserver le lieu sacré.

Le soleil chagrin se couche sur le Cirque de Navacelles, et signe la fin de notre travail.

–Jour 82–

Aujourd'hui, nous nous réveillons sans connaître le programme de la journée. Le ciel gris et pluvieux compromet nos chances de continuer le chantier commencé à Blandas. Nous nous laissons porter par les différentes petites missions du jour, confiées par Nicolas. Tout d'abord, il faut déplacer le poulailler : les poules n'ont plus d'herbe à manger. Une pelleteuse Mecalac le soulève et le dépose quelques mètres plus loin. Les poules reprennent tranquillement leur quartier, et nous venons leur déposer une litière toute neuve – composée de copeaux Buxor, évidemment. Ce sont des poules de luxe !

S'ensuit un après-midi placé sous le signe de la mécanique ; comme souvent ici, quand il fait moche, c'est le moment de s'occuper de la réparation et de l'élaboration de nouveaux engins. Depuis 2015, Nicolas s'est mis en tête d'élaborer une nouvelle machine, pour aspirer la petite broussaille. Il a donc adapté un aspirateur industriel sur son gros tracteur, associé à une tête broyeuse, pour permettre les deux actions en quasi-simultané. Si certains détails techniques nous échappent, il est clair que l'équipe se creuse sans cesse la tête pour imaginer, élaborer, adapter, construire, bricoler de nouvelles inventions ou améliorer les précédentes. Des sortes d'autoconstructeurs, "méca-magiciens", qui aiment à dire qu'ils pratiquent le "détournement bienveillant", en déviant des outils de leur usage classique pour les besoins de leur mission, dont la cause est noble : régénérer les sols agricoles. Un dévouement que l'on voit bien dans les propos de Patrice, investisseur de Buxor, qui nous confie : « ici, j'ai rencontré des gens rares, ils vivent de peu, mais ils se démerdent avec pas grand-chose pour faire de jolies choses ».

*

Renaud, un vigneron voisin, nous invite à visiter son domaine. À vrai dire, il n'est pas seulement vigneron, mais fait du "Bo-Vin", comme il dit : il élève en fait de belles Aubrac en plus de cultiver ses huit hectares de vignes biologiques sur le plateau de Savignac. Nous arrivons chez lui caméra en main, car Renaud est un fidèle client de Buxor. Il utilise notamment les copeaux pour la litière de ses vaches, puis les répand avec le fumier sur ses vignes. Nous sonnons à sa porte à 17h30. Il est tard, nous devons nous dépêcher de tourner les séquences avant que la nuit tombe. Il nous accueille dans sa belle longère ; six bouteilles de vin nous attendent tranquillement sur la table. Place à la dégustation. Nos souvenirs se floutent au rythme des verres qui se désemplissent, des parties de chapeau endiablées et des rires à gorge déployée. Nous n'aurons pas filmé un rang de vigne, ni même une petite vache. Nous repartirons, au milieu de la nuit, les cartes mémoire vides, mais l'estomac plein, et bien arrosé.

–Jour 85–

Aujourd'hui, c'est matinée ménage pour l'équipe de Sur le Champ. Ambre astique les vitres des tracteurs pendant que je nettoie les clés à pipe. Après quelques jours, il y a un sacré bazar dans le garage : les outils jonchent le sol entre les taches d'huile, les rouleaux de scotch et les post-it volants. Nous nous employons à offrir aux mécanos un rangement astucieux en plus du gros coup d'aspirateur. Mon visage est maintenant recouvert de poussière et mes mains toutes noircies, mais le garage, lui, s'est refait une beauté.

En récompense, Maurice nous emmène avec Guillaume faire une virée baignade dans la Vis, et nous fait découvrir ses spots secrets, façon "carte postale". L'eau aux reflets bleus et verts nous tend les bras, mais reste d'une froideur saisissante. Quoi qu'il en soit, nous voilà tous à l'eau en moins de temps qu'il ne faut pour le dire. Au retour, la route sinueuse par laquelle nous passons le long des gorges est magnifique. Dans l'autoradio, le CD nous passe "Born to be alive", ce qui fait rire Maurice, qui se moque de la simplicité des paroles, qui pourraient pourtant ressembler à un de ses propres dictons. Nous nous sentons à la fois euphoriques et apaisées ici, en cette compagnie.

– Jour 86 –

Chez Buxor, le lundi, c'est le jour du point d'équipe. L'entreprise utilise la méthode "Agile", une approche qui facilite la gestion de projet en fixant des objectifs de court-terme, et organisée sur un grand tableau rempli de post-it multicolores. J'avoue que nous n'aurions pas franchement cru retrouver cette "technique d'organisation" digne d'un séminaire de rentrée d'HEC dans une entreprise agricole du fin fond du Larzac!

Bon, ici, sur le mur du garage, entre deux tracteurs, la méthode devient quand même un peu plus sexy. L'équipe détermine ses objectifs pour le "cycle" à venir, c'est-à-dire pour les quinze prochains jours, et ces objectifs sont ensuite déclinés en tâches concrètes auxquelles sont attribuées un nombre de points – par exemple "journée chantier Blandas: cinq points". Les post-its circulent ensuite selon leur niveau d'avancement, entre les colonnes "cycle", "en cours", et "fait", et les points des post-its de cette dernière colonne sont additionnés. Appliquée avec assiduité, cette méthode permet ainsi à l'équipe de définir un cap, prioriser ses missions et impliquer toutes les parties prenantes dans la planification.

À la fin du point, Guillaume lance un: “Apéro!” Nous nous regardons interloquées. En fait, l’« apéro » est une routine matinale des membres de Buxor: un entraînement de tractions sur la barre à l’entrée du garage. “Pyramide de sept? Non allez, on part sur une de cinq seulement aujourd’hui!” Le détail qui tue: il est permis de taper dans le ventre de la personne en exercice pour raffermir ses abdominaux. Nicolas, Guillaume, François, Gabriel, et Johan enchaînent leurs séries sans broncher. Ambre sauve l’honneur de Sur le Champ avec ses cinq tractions, tandis que j’en aligne, avec peine, un modeste total de trois.

Après l’apéro, une chose est sûre: nous sommes bien réveillées pour commencer la journée. Nous roulons direction Blandas, le soleil tape déjà bien sur le pare-brise et met en relief tous les petits insectes qui s’y sont crashés. Nous longeons le précipice. Il a neigé sur les montagnes du Mont Aigoual, qui revêtent avec élégance leurs petits chapeaux blancs d’hiver. À Blandas, l’équipe prend place pour avancer le chantier qui arrive à son terme. Ici, les buis sont presque tous pyralés – victimes d’une petite chenille verte à tête noire, la pyrale, arrivée en Europe en 2008 depuis l’Asie et qui adore les feuilles de buis. Elle donne ensuite naissance à un papillon blanc et brun, qui survole les broussailles à la tombée de la nuit. Invasive, elle peut faire mourir rapidement toute une parcelle, les arbustes passant du vert au gris. Le phénomène est tristement dévastateur.

*

Chez Nicolas, on nous enseigne la débrouillardise. Notre génération, souvent sujette à l’immobilisme, a plutôt tendance à déléguer le moindre problème à des spécialistes de plus en plus spécialisés, perdant l’habitude de mettre les mains dans le cambouis. Ma voiture est en panne, je vais chez le garagiste. Mon évier est bouché, j’appelle le plombier. Mon ordinateur a un virus, je contacte un informaticien. Ces apprentissages manuels, en grande partie, sont pourtant à notre portée, pour peu que l’on accepte de se salir un peu les mains, et de sortir de sa zone de confort. Il ne fait aucun doute que nous sommes au bon endroit.

Et le destin force même mon envie d'apprendre : le clignotant arrière droit de la C3 fait grève. François, le mécano le plus calé de Dordogne, m'initie. Je démonte le clignotant, dévisse, et chatouille le raccord des branches avec la pointe de la pince de mon Leatherman. En quelques minutes, le tour est joué. Je me sens fière et surtout moins vulnérable. D'ailleurs, je serai amenée plusieurs fois dans l'année à refaire cette manipulation, de nuit et même sous la pluie. Mais au moins, je peux compter sur moi-même, sans rester bloquée par la crainte de ne pas en être capable.

*

Laurent, un centralien employé chez Buxor, nous reçoit chez lui pour dîner. Nous arrivons armées d'une bouteille dans une main et d'un gâteau dans l'autre, à la fois touchées par l'invitation et amusées par la situation. Dans le Larzac, l'amitié n'a pas d'âge. Laurent, par exemple, a quarante-cinq ans, mais c'est notre ami. Un vrai pote. On se marre, on se raconte nos vies, on fait la teuf ensemble. Il était d'ailleurs le pilier de notre soirée "dégustation" chez Renaud, dont on sait comment elle a fini. Sans parler de Maurice et ses soixante-dix ans, que nous retrouvons chaque soir après le travail pour boire une tisane et jouer au chapeau. Sans oublier Guillaume, notre acolyte de travail, de soirée, d'escapade. C'est la première immersion où nous pouvons vraiment dire que nous avons des amis.

Ces amitiés nous touchent. D'abord, la chaleur et le naturel de l'accueil sont inédits. Et puis surtout, chacun accorde de l'importance aux autres sans jamais faire de différence. Le voisin le plus proche a beau habiter à plus de deux kilomètres, les liens ne perdent pourtant rien de leur proximité. Dès que tu passes devant chez lui, tu t'arrêtes, tu discutes, tu joues au chapeau, comme chez toi. Quand je pense qu'à Paris je ne connaissais même pas ma voisine de palier…

–Jour 91–

Dingue ! Buxor rentre parfaitement dans la cible du message du milliardaire. C'est parfait, nous allons postuler pour ces millions afin de développer la technologie Buxor et régénérer tous les sols détruits.

–Jour 95–

L'ambiance du Larzac nous fait planer. Les vents du plateau nous ensorcellent, la philosophie des habitants nous apaise. On sent néanmoins cet esprit soixante-huitard de l'épisode du Larzac Libre flotter, l'histoire d'un long combat entre paysans et hommes d'État. Le gouvernement souhaitait étendre un camp militaire sur les surfaces agricoles. Les agriculteurs s'y sont opposés, ont manifesté, et ont même réalisé une grande transhumance à pied, avec leurs moutons jusqu'aux Champs Élysées. De nombreux jeunes se sont alors ralliés au monde paysan, étudiants parisiens, hippies, va-nu-pieds, babacools, utopistes engagés… Cette lutte rassemblait une grande diversité de population, réunie pour protéger les terres et prôner un mode de vie alternatif où nature et sobriété seraient reines. Ils construisaient des étables, des petites cabanes, achetaient des chèvres, faisaient la fête… C'était le paradis des antisystèmes, pour qui liberté était le seul mot d'ordre. Après de longues années de résistance, les paysans finissent par remporter le combat : on célèbre depuis le "Larzac Libre". Et cette liberté frugale coule encore dans les sillons de la terre du plateau du Larzac. Ce n'est définitivement pas un hasard si nous nous y sentons si bien.

Ce matin, nous voilà tout de même forcées de revenir à la réalité. Nous devons passer des entretiens pour postuler à des majeures – des spécialisations – pour l'année de Master 2 qui nous attend à la rentrée. Nous nous rendons tout naturellement chez Maurice, pour profiter de son réseau de qualité et de ses bonnes ondes. Nous nous reconnectons, le temps d'une matinée, à nos astreintes d'étudiantes d'école de commerce. Aujourd'hui, nous devons "nous vendre", vanter nos qualités, et montrer au jury que nous sommes les candidates idéales. Un exercice qui n'est déjà pas des plus simples, mais qui devient un vrai tour de force dans ce cadre hors du temps, où nos seules préoccupations journalières sont l'horaire de la prochaine partie de chapeau et le bon remplissage de la gamelle d'eau des poules. Lors des entretiens, nous parvenons néanmoins à partager notre joie, notre bonne humeur, et intriguons nos examinateurs, plutôt charmés par notre démarche : « Je viens d'une famille d'agriculteurs ! Enfin, mon grand-père était paysan ». La terre unit et réunit, une fois de plus. Peut-être gagnerons-nous grâce à l'agriculture, qui questionne et qui anime, une place dans la majeure de notre choix, qui sait ? Toujours est-il que nous nous apercevons que nous avons abordé ces entretiens stressants avec une étonnante sérénité, et pas avares de rires. L'ambiance du Larzac nous tient.

– Jour 97 –

La question de l'éducation des "enfants d'agriculteurs" est abordée de manière bien différente selon les familles. Chez certains, les enfants grandissent à la ferme, savent traire presque avant d'apprendre à marcher, enfilent leurs bottes dès la sortie du lit pour courir entre les ballots de paille, et conduisent les John Deere avant même leur Brevet des Collèges. Leur vie entière est rythmée par celle de la ferme, qui devient leur terrain de jeu favori.

Chez d'autres, les enfants, fiers du métier de leurs parents, gagnent en autonomie et jouissent d'une grande liberté. La fratrie apprend à se débrouiller et à s'entraider, en l'absence des parents.

Chez les Brahic, le schéma est tout autre. Une paroi hermétique cloisonne clairement vie pro et vie perso. C'est à peine si les enfants savent ce qui occupe leur père tous les jours. Les filles parlent maquillage et shopping et font bien attention à ne pas salir leurs chaussures avant d'aller à l'école. L'activité de la ferme leur est assez étrangère et c'est plutôt volontaire : la maison doit rester le lieu où l'on décroche, où l'on oublie les problèmes de la journée. C'est ainsi que les Brahic font primer l'équilibre de la vie de famille. Et ce modèle s'avère, chez eux, épanouissant pour tous.

*

Êtes-vous déjà allé chez un maraîcher sans voir ses champs ? C'est la situation étrange que nous avons expérimentée chez Mathias, un maraîcher très réputé dans la région, mais qui a préféré revêtir sa casquette de philosophe le temps de notre visite. Il teste depuis quelque temps les copeaux de Nicolas dans ses champs, et se réjouit des résultats obtenus. Il partage avec nous son message plein d'espoir : « Si j'arrive à travailler avec la vie du sol, j'aurai besoin de beaucoup moins de tracteurs et je serai beaucoup plus libre. Il y a déjà tellement de jeunes pour qui c'est une évidence. C'est assez sympa à voir, cette nouvelle génération qui arrive, que ce soit un genre de réincarnation, que les anges aient envoyé leurs cohortes, ou simplement l'évolution de l'humanité, l'esprit de groupe, l'inconscient commun qui fait que, je n'en sais rien, tout a l'air désormais possible. En tous cas, on voit qu'il y a un grand mouvement de jeunes, qui portent en eux les gènes de demain ». Ce qui détruit le monde, selon lui, c'est « l'esprit du business, la course à la rentabilité », et surtout, à cause de « l'euphorie que créent le succès et l'argent », « ce désir d'en vouloir toujours plus, qui, naturellement, produit de l'insatisfaction, des envies toujours plus démesurées, que l'on ne réalise pas sans contrepartie, sans prendre autre chose à quelqu'un, ailleurs, et qui ne font que creuser le puit de l'appauvrissement intérieur ». « Enfin, en tous cas, cette nouvelle génération, c'est une vraie bénédiction. »

–Jour 99–

Buxor, c'est l'immersion électrochoc. Elle redéfinit complètement l'image de l'agriculteur que j'avais : il est avant tout cultivateur de sol. Les personnes rencontrées ici consacrent leur vie entière à faire renaître les sols. Je déborde d'admiration pour cette mission remplie de noblesse.

L'équipe de Nicolas est brillante et complémentaire. Ils ont tous passé le cap de s'installer sur les terres inhospitalières du Larzac pour prendre part au projet. Les trois semaines ici se sont curieusement écoulées sous le signe de la mécanique. J'étais pourtant venue pour me reconnecter au sol. Finalement, les machines sont un intermédiaire aussi efficace qu'insoupçonné pour y parvenir. Ce séjour dépayse et détonne dans notre aventure. La nature, envoûtante, prend le dessus et reconnecte aux éléments. L'esprit du Larzac donne envie de voir grand, d'entreprendre, de changer le monde à son tour.

Cette année, nous avons décidé de mettre la nature au centre de nos vies. Les immersions se succèdent, nous offrant à chaque fois des paysages grandioses. Nous éveillons nos cinq sens, qui s'affûtent de jour en jour. Nous nous pâmons devant les premiers bourgeons, l'envol d'un vautour, la magie des paysages du plateau du Larzac, le calme de la mer, la beauté d'un coucher de soleil, la brume mystérieuse du matin. Nous apprécions chaque petit cadeau offert par une nature, généreuse et abondante, que nous faisons nôtre au fil des mois. Nous nous en approprions la simplicité. Elle nous emplit d'une joie immense.

Au cours d'un week-end de notre immersion dans le Larzac, nous avons été rejointes par des copains parisiens qui passaient à Montpellier, pour faire une randonnée dans le coin. Malgré notre bonheur de les revoir, nous ne pouvons empêcher une sensation étrange, un décalage ineffable, de nous envahir. Avec Ambre, nous nous rassurons : nous partageons toutes deux ce sentiment perturbant d'être différentes. Un exemple illustre bien le déphasage que nous vivons. Habituées à travailler dehors quelque soit la météo, nous ne prêtons pas attention au petit crachin qui arrose notre balade, trop obnubilées par l'arc-en-ciel qui se dessine au milieu du Cirque de Navacelles. Au risque de passer pour des folles illuminées, ensorcelées par la magie aveuglante du Larzac…

Cette terre regorge de surprises. Nous nous jurons que nous y reviendrons.

Chapitre Cinq
La ferme Eauzons – Avec Félix et son équipe – Gers

Quand les excréments des uns servent de nutriments aux autres… La circularité comme exemplarité.

–Jour 105–

Aux-Aussat, un petit village du Gers situé à l'est de Pau et au nord de Tarbes, nous accueille pour notre prochaine immersion. Un chien aux yeux vairons et un chat roux nous guident jusqu'à notre nouvel habitat : une yourte mongole auto construite. Malgré l'originalité du lieu, il présente tout le nécessaire pour notre séjour : deux lits, de jolis draps colorés sur les murs, une cuisine extérieure et une petite cabane pour toilettes sèches. La propriétaire, Swelly, est partie en week-end.

*

La ferme Eauzons est tout particulièrement innovante. Elle pratique l'aquaponie – une technique qui n'a rien à voir avec de l'équitation en piscine couverte ! D'accord, la blague est facile. Il s'agit en fait du nom donné à la culture de végétaux hors sol reliée directement à l'élevage de poissons en bassin. Cette méthode ancestrale se conjugue aujourd'hui avec des instruments de haute technologie. Plus précisément, ce système circulaire englobe trois pôles : un élevage de poissons, un compartiment bactérien et des cultures végétales, qui forment ensemble un cercle vertueux et nourricier. Les déjections des poissons génèrent des nutriments, traités par des bactéries et des lombrics qui les rendent assimilables par les plantes. Celles-ci, par phytoépuration, permettent le retour d'une eau saine dans le bassin des poissons. Ainsi, 90% de l'eau utilisée pour l'irrigation est recyclée dans l'élevage de poissons ; une bonne astuce qui permet de produire tout en économisant de l'eau. Les racines des plantes cultivées hors sol plongent elles dans une eau qui reproduit toutes les qualités d'un sol vivant. Et pour les légumes de terre et les fraises, de grands bacs remplis de terreau sont irrigués par cette même eau vivante riche en nutriments. C'est donc un système fermé sans apport chimique ni aucun impact sur l'environnement, qui permet une production locale, de saison et de qualité.

Concrètement sur la ferme d'Eauzons, on développe un élevage de saumons de fontaine, relié à une culture de salades, fraises, tomates, poivrons, piments, choux, panais, épinards… le tout vendu en circuits ultra courts.

Tout cela a l'air assez technique, pour ne pas dire franchement complexe. Pour mieux comprendre le fonctionnement du mécanisme, nous retournons donc sur les bancs de l'école. Félix, le fondateur, est aussi formateur en aquaponie, et nous a invitées à assister à sa formation de trois jours à Toulouse. Un beau cadeau, indispensable pour comprendre les secrets de sa ferme. Demain donc, c'est la rentrée des classes pour Sur le Champ ! Et les deux écolières que nous sommes sont excitées à l'idée de découvrir leurs nouveaux camarades de promotion. Les cartables sont préparés, les batteries chargées et les cartes mémoire formatées. Tout est fin prêt.

–Jour 106–

Direction Toulouse pour le grand jour. La formation se déroule dans un grand bâtiment dédié aux projets entrepreneuriaux. Deux grands palmiers ornent la cour de l'édifice. La promo est constituée d'élèves aux profils très variés. Âgés de vingt à soixante ans, tous souhaitent développer leur propre ferme d'aquaponie en France, en métropole ou dans les DROM-COM. Ces trois jours d'apprentissage intensif sont cruciaux pour la concrétisation de leur projet : les élèves viennent y chercher les clefs de la réussite et les réponses à leurs nombreuses questions.

Les formateurs, Jean-Baptiste, Maxime et Félix sont passionnés. Félix a d'ailleurs déjà bien roulé sa bosse en aquaponie. Il a notamment développé un grand projet mandaté par le gouvernement tahitien pour pallier à l'importation trop importante de produits alimentaires et permettre l'autosuffisance de l'île en fruits et légumes.

Les slides défilent, les questions fusent, nous calculons des Ph et réalisons des équations d'ions. L'aquaponie n'est décidément pas faite pour les amateurs. Il faut maîtriser un grand nombre de paramètres pour ne pas se louper. D'autant plus que deux ateliers sont couplés en un ! Cette pratique sollicite des compétences en hydroponie (culture maraîchère hors sol), mais également en pisciculture (élevage de poissons).

L'ambiance est studieuse et les élèves s'accrochent. Sans bac scientifique, la compréhension des techniques semble quasi impossible.

Le sujet me passionne rapidement. Ce qui me séduit, c'est la capacité de l'aquaponie à être développée n'importe où, en ville, dans des zones industrielles, bétonnées ou même polluées. Ainsi, elle ne rentre pas en concurrence pour l'achat de foncier avec d'autres agriculteurs, mais représente plutôt une solution complémentaire au modèle agricole existant, permettant de rapprocher le lieu de production des consommateurs, et de développer des circuits de vente très courts. Cette solution innovante cohabite donc avec les modèles de maraîchage classiques et en aucun cas ne s'y substitue.

Étonnamment, la formation commence pourtant par la présentation de contre-arguments pour justifier l'aquaponie face à ses détracteurs. En même temps, je comprends que la vue de serres en plastique pleines de végétaux hors sol ne fasse pas consensus au premier abord. J'étais d'ailleurs la première sceptique, tant nous avons entendu parler de sols vivants ces six derniers mois, décrits comme la clef de voûte de la renaissance de l'agriculture. Alors, sont-ils fous de se passer de ce sol nourricier ? Produisent-ils des légumes esthétiquement beaux et propres mais dénués de valeur nutritionnelle ?

Autant de questions qui me taraudent. Je suis donc dans les starting blocks pour intervenir au quart de tour. Les arguments des formateurs sont percutants, je ne trouve rien à redire. Tant mieux, j'aurais été gênée d'être invitée et de critiquer ouvertement leur modèle. Certains détracteurs attaquent l'aquaponie sur la valeur nutritionnelle des fruits et légumes produits en raison de leur caractère hors sol. Sont-ils des "aliments creux" ? C'est vrai que la question est d'actualité. Apparemment, une pomme d'aujourd'hui contient par exemple cent fois moins de Vitamine C qu'une pomme en 1950.

Il faut remettre les choses dans leur contexte. La qualité nutritionnelle dépend de plusieurs critères. Le premier d'entre eux est la variété de produit choisie. Et là, l'aquaponie permet souvent de remettre au goût du jour des variétés anciennes, plus nutritives. Il faut ensuite prendre en compte le temps écoulé entre la récolte et la consommation : la plante perd une bonne partie de ses nutriments dans les deux premiers jours. Or, les circuits de distribution des fermes d'Eauzons sont hyper locaux. Pauline, la maraîchère de la ferme, peut ainsi livrer ses clients dans la matinée même de la récolte. Cette proximité permet d'éviter de passer par la case frigo, qui diminue inévitablement la qualité des produits. Le dernier critère est effectivement le mode de production, mais il n'arrive qu'en troisième position dans l'ordre d'influence sur l'apport nutritif des aliments. Tout ceci pour dire que l'aquaponie constitue finalement une réelle opportunité pour nourrir le monde de demain. Bon, je ne tire pas cette phrase de mon chapeau : pour être honnête, c'est l'Union européenne qui l'affirme, puisqu'elle classe l'aquaponie parmi les dix technologies d'avenir qui changeront nos vies dans les vingt prochaines années.

–Jour 108–

La formation se poursuit aujourd'hui sur le site d'Eauzons avec une visite explicative de la ferme. Elle est constituée de cinq grandes serres couvrant 1 600 mètres carrés. La première renferme les bassins de saumons, trois autres abritent la culture végétale, et la dernière est consacrée aux semis.

Petit cadeau des formateurs, une interrogation écrite nous attend pour valider la formation. Il faut réaliser des calculs complexes afin d'ajuster les paramètres des bassins pour veiller au bien-être des poissons. Bien joué, nous passons toutes les deux le test avec succès et recevons un beau diplôme !

–Jour 109–

La première journée post-formation commence par le point hebdomadaire. Les rôles sont bien répartis entre l'équipe "poissons", guidée par Gonçalo et Valentin, et l'équipe "plantes" que gère Pauline. Tous ont moins de 30 ans, et ont quitté leur Portugal, leur Lorraine ou leur Mans natal pour travailler à Eauzons et devenir des experts en aquaponie. Eauzons parie aussi sur cette jeunesse passionnée par le vivant et prête à mettre son énergie au service du déploiement de ce modèle innovant. C'est Valentin que nous suivons en premier, pour procéder au calcul du poids moyen des individus de chaque bassin. Vêtues de salopettes de poissonniers, épuisettes en main, nous partons à la pêche au saumon. Il faut d'abord attraper un échantillon de poissons, qui est ensuite pesé, et enfin compter un à un ses membres, avant de les remettre dans le bassin. Pas une mission facile, car le saumon de fontaine est rapide et s'échappe comme une savonnette entre nos mains. Valentin fait ses petits calculs, et en déduit une quantité d'aliments optimale grâce à son gros fichier Excel de suivi. L'aquaponie, c'est une science qui se travaille au millimètre près, à commencer par l'alimentation, qui est clef dans le circuit.

–Jour 114–

Sur le Champ ne finira jamais de nous étonner : aujourd'hui nous allons nous former à un nouveau métier, poissonnier, ou du moins transformateur de poissons. Direction le labo de transformation d'Eauzons, où sont conduits tous les poissons qui sortent de leurs bassins. Selon les jours, c'est entre trente et cent-cinquante poissons qu'il faut étourdir, abattre, éviscérer et fileter. Et chacune de ces tâches est beaucoup plus complexe qu'il n'y paraît. L'étourdissement se fait à l'aide d'un Iki Gün, instrument en forme de pistolet dont la petite pointe assomme le poisson sur le dessus de la tête.

Les premiers essais ne sont pas très concluants : les attraper s'avère déjà plus difficile que prévu. Il faut ensuite les saigner en plantant un couteau dans leur abdomen, ni trop profond, ni pas assez. Puis, avec une machine à éviscérer, nous ouvrons l'abdomen du poisson, toujours glissant, enveloppé dans son mucus, et un petit tuyau aspire les viscères. Enfin vient le filetage, qui est sans doute la partie la plus délicate de l'opération : il faut parfaitement connaître l'anatomie du poisson pour insérer la lame au bon endroit, couper le bon nerf, décoller délicatement la précieuse chair de la cage thoracique sans en gâcher une miette. Et une fois les saumons filetés, ce n'est pas encore terminé ! Après avoir été saupoudrés de sel, ils passent un petit séjour à la chambre froide puis sont prêts à être accrochés un à un dans le fumoir. La jolie petite guirlande de filets est alors partie pour 4 heures de fumage, grâce à une petite mèche qui va se consumer lentement, avec de la sciure, pour délivrer ce délicieux goût fumé.

*

Le lendemain, Valentin me propose d'aller retirer les filets du fumoir, pour les mettre sous vide. Évidemment, c'est une nouvelle fois plus complexe que ça en a l'air. Nous devons à présent désarêter chaque filet, un par un, arête par arête ! D'une main, je fais glisser mes doigts le long du filet pour repérer les aspérités des arêtes, et de l'autre, armée de ma grosse pince à épiler, je les enlève à la chaîne, des plus grosses aux plus fines. Dans les productions plus industrielles, ce travail est fait mécaniquement à l'aide d'une machine qui fonctionne un peu comme un épilateur. J'étais bien loin de m'imaginer que tout ce travail pouvait être manuel. Ou plutôt, je ne m'étais jamais vraiment posée la question. Je touche ici du doigt la satisfaction de faire les choses de mes propres mains. En tout cas, je comprends mieux la majesté de ce filet de saumon fumé que l'on déguste à Noël.

–Jour 116–

Je suis occupée au jet à haute pression pendant qu'Ambre plante des petites graines dans la serre à semis. Je ne suis pas franchement douée ; je finis par me tremper entièrement. Heureusement, le soleil est au rendez-vous. Je récure les gouttières dans lesquelles poussent les plantes à feuilles, qui doivent être propres pour accueillir les salades, leurs nouvelles invitées, après le ramassage final des blettes, ce matin. Le nettoyage entre deux plantations est assez long car il faut tout démonter, sortir les gouttières de la serre, les passer une à une au jet, puis les remonter.

Nous avons accepté de nous occuper de la "patate chaude" que tout le monde tente de se refiler : vider la "serre ratatouille", qui accueille dans des bacs de terre les productions estivales de tomates, aubergines et courgettes. Pour préparer les plantations du printemps, tout doit être nettoyé. Nous remplissons de lourdes brouettes de sacs de terre que nous reversons ensuite dans le jardin. L'enchaînement des aller-retours dans la serre, où il fait de plus en plus chaud, surtout depuis que la stagiaire mexicaine nous a branché sa playlist reggaeton, n'est pas une mince affaire. Mais le résultat fait plaisir : la serre est prête pour la saison !

Nous profitons du beau temps pour être utiles sur la partie plein champ de la ferme, en mettant en terre des capucines. Ces fleurs comestibles au goût de radis et aux couleurs flashy sont très appréciées des grands chefs.

–Jour 118–

Matinée de livraison. Les clients sont tous situés dans un rayon de quarante-cinq kilomètres. Le premier trajet nous emmène dans un petit supermarché de bourg, dont les gérants sont les fans les plus fidèles de la ferme. Ils ont même eu le droit à l'installation d'une petite gouttière aquaponique dans leur boutique. Les salades qui attendent leurs clients dans l'eau vivante attisent facilement leur curiosité. Une habituée nous confie que ces salades sont ses préférées : « elles ont un vrai goût et sont toutes fraîches ! » s'exclame-t-elle. Promis, cette gentille dame n'a pas été payée pour faire la pub devant nos caméras.

Les légumes, produits sans intrants chimiques, ne peuvent toutefois pas prétendre au label biologique, car ils sont hors sol… Les membres de l'équipe cherchent donc activement à développer une certification qui permettrait aux consommateurs de prendre conscience de leur faible empreinte écologique. Pour le moment, leur origine locale est le principal argument de vente, et il semble très bien fonctionner : les livraisons de poissons comme de légumes n'arrêtent pas de garnir les étals des enseignes du coin. La ferme Eauzons vend ainsi en tout plus de 20 000 poissons par an.

L'après-midi, une partie jusqu'alors mystérieuse de la dernière serre nous ouvre ses portes. Il s'agit de l'espace expérimental. Félix tente d'y cultiver de la vanille et des fruits de la passion. Il est convaincu que l'aquaponie a un rôle à jouer dans la production de fruits tropicaux, habituellement importés, en valorisant la chaleur "fatale", celle que l'on produit involontairement au cours des processus industriels ou agricoles : une véritable mine d'or pour les producteurs aquaponiques. Les centres de stockage de données, les usines agro-alimentaires, les fonderies, ou encore les papeteries libèrent par exemple beaucoup d'énergie thermique, qui est souvent perdue car peu de solutions existent pour la valoriser. Félix, lui, compte bien essayer d'en tirer profit en produisant des fruits tropicaux locaux et bas carbone, dans des serres chauffées par des réseaux alimentés par cette chaleur fatale. Tout le monde serait alors gagnant, d'autant plus que la législation impose de plus en plus aux industries de valoriser cette fameuse ressource.

–Jour 120–

Depuis deux semaines maintenant, nous avons fait nôtre l'habitat mobile des mongoles. La yourte nous transporte chaque nuit dans un sommeil calme et profond, propice aux rêves. Le lever du soleil nous attend chaque matin, caressant les tentures de ses rayons paresseux.

Une question nous revient tout de même souvent : « Vous n'avez pas froid là-dedans ? » Bon, nous ne pouvons en effet pas dire qu'il y fait franchement chaud. Mais nous sommes bien couvertes, et nos duvets de camping nous font de confortables cocons chaque nuit. Et le point positif est que dès le réveil, nous sommes acclimatées à la température extérieure, ce qui tombe plutôt bien dans la mesure où notre cuisine se trouve hors de la yourte. Chaque matin, nous saluons donc les chevaux du champ d'à côté en mettant de l'eau à chauffer pour notre café rituel. Souvent, une légère brume couvre l'horizon. J'enfile une paire de tongs, la fraîche rosée mouille mes orteils encore endormis, et je file uriner sur la pelouse. Nous avons aussi des toilettes sèches, mais il est recommandé de ne pas les encombrer lorsqu'elles peuvent aisément être remplacées par un carré de pelouse au pied d'un arbre. De toute façon ici, personne ne peut nous voir.

Les toilettes sèches, nous les avons rapidement adoptées. Elles nous offrent quotidiennement une échappée méditative au fond du jardin. L'idée que ce moment constitue une source d'engrais pour la terre d'ici quelques mois ou années nous procure une certaine satisfaction. D'autant plus que les WC de la ferme sont également des toilettes sèches. Avec ces deux semaines à offrir à la terre notre nourriture, je pense qu'on peut résolument parler d'une "totale immersion toilettes sèches". Hier j'ai tout de même fait une infidélité à la yourte : le hamac sous les étoiles m'a emportée pour une nuit aussi fraîche qu'inoubliable.

Ce soir, notre demeure se transforme en restaurant 5 étoiles. Pour nous remercier de notre travail, Valentin, le responsable aquacole de la ferme, nous a offert deux beaux saumons frais, tués et éviscérés le matin même, par la main méticuleuse d'Ambre. C'est une grande première pour l'équipe Sur le Champ : nous nous improvisons grands chefs pour honorer ces belles victuailles. Aneth, persil et fenouils fraîchement cueillis dans la serre, un filet d'huile d'olive, sel, poivre, et des petites pommes de terre accompagnent le festin. Nous sonnons chez Swelly, la propriétaire de la yourte, pour enfourner le tout. Après quarante minutes de cuisson, place aux plaisirs des papilles. Nous savourons chaque bouchée, et nous délectons de cette chair tendre d'autant plus que nous savons maintenant apprécier toute sa valeur. Cela faisait d'ailleurs bien longtemps que je n'avais pas mangé de saumon, en partie pour des raisons écologiques. J'ai en effet lu quelque part que 45% des poissons vendus en France sont issus de la pêche, contre 55% de l'aquaculture. Ceux-ci viennent souvent de Norvège, et ont été nourris avec de la farine de poissons sauvages. Alors s'il faut racler le sol des océans pour déguster du saumon, je préfère autant me contenter d'un bon poulet fermier. Mais si l'élevage peut en même temps servir à produire des légumes localement, tout en réduisant les intrants et en économisant de l'eau, c'est tout bénéfice, non ?

Après ce fastueux banquet, nous bouquinons sous les étoiles, bien emmitouflées et éclairées par nos frontales. C'est un soir de pleine lune, les chiens hurlent et les chevaux s'impatientent.

– Jour 121 –

L'immersion touche à sa fin et nous nous sentons moins bêtes. Ce séjour confirme l'intuition que plusieurs formes d'agriculture peuvent cohabiter harmonieusement, qu'il n'y a pas qu'une seule forme d'agriculture durable. La pluralité des solutions est exaltante. C'est une invitation au non-dogmatisme et à l'ouverture d'esprit. Finalement, chaque territoire a ses particularités, et c'est la diversité des modèles qui permet de s'adapter aux spécificités de chacun, et de rendre les terres nourricières, tout en les préservant pour les générations futures. Par exemple, certains coins de Bourgogne ne peuvent accueillir que des élevages bovins. Il serait donc utopique et irréaliste de vouloir y installer des maraîchers. Il en est de même pour les zones industrielles et bétonnées. Elles peuvent aussi revêtir une fonction agricole, différente certes, mais adaptée à ces contraintes. Les fermes aquaponiques, plus facilement proches des centres urbains, jouent aussi un rôle pédagogique important, et permettent de reconnecter les citadins à leur alimentation.

Chapitre Six
L'Abbaye de Boulaur – Au sein de la communauté de sœurs cisterciennes – Gers

Un lieu où Terre et Ciel se rejoignent pour ne former qu'un.

–Jour 122–

Nous passons à la gare récupérer une jeune inconnue, prénommée Anastasia, qui partagera un petit bout de notre immersion chez les sœurs. La cour de l'abbaye est fleurie et de petits arbustes très proprement taillés sont alignés devant une magnifique bâtisse du XIIe siècle. Nous n'avons même pas le temps d'admirer la beauté du lieu que nous sommes prises d'un fou rire: Anastasia et Ambre reconnaissent une star d'internet, "Tibo InShape", en plein tournage. C'est un YouTubeur et influenceur spécialisé dans le sport, qui doit son surnom à sa silhouette effectivement plutôt affûtée, m'explique-t-on. Avec mon inculture du web et sans les filles, je serais certainement passée devant sans même remarquer sa présence. Il profite maintenant de son audience, acquise grâce au sport, pour se renouveler en réalisant des vidéos sur d'autres sujets. Et aujourd'hui, il s'intéresse aux sœurs de Boulaur. Je le comprends, ce sont, elles aussi, de vraies stars. Nous assistons à un shooting photo aussi improbable qu'hilarant, les sœurs montrant leurs biscoteaux en hurlant "Bouuum" à la demande de l'athlète. Bref, ces rires dès la première minute de notre séjour nous plongent d'emblée dans l'ambiance joviale qui règne à l'abbaye.

Pas le temps de vider notre voiture, nous filons directement aux vêpres, l'office catholique du soir. Nous admirons l'église, bercées par les mélodieux chants latins de la communauté. Seul petit hic, la tonalité est bien trop haute pour moi, je ne peux pas les suivre. Tant pis, j'écoute sagement.

Le soir, nous découvrons nos camarades d'immersion, venues elles aussi partager le quotidien des sœurs pour quelques jours, semaines ou mois.

–Jour 123–

Premier réveil à Boulaur, avec le chant des oiseaux. Bienvenue dans cette abbaye de sœurs cisterciennes fondée en 1949. Bien plus qu'une ferme, ce lieu unique fait se rencontrer agriculture et spiritualité, travail et prière, terre et ciel. Dans la communauté, constituée de 31 sœurs âgées de vingt-cinq à quatre-vingt-quatorze ans, règne en effet un bel équilibre entre retour à la terre et tradition monastique. Suivant la règle de Saint Benoît, les journées sont bien remplies, rythmées par les sept offices et le travail agricole. Puis, le soir, c'est "complies et au lit!" L'objectif est de tendre vers l'autosuffisance, c'est pourquoi à Boulaur, on trouve des vaches, des poules, un potager, un verger, une fromagerie, une meunerie… et bientôt, les cochons feront même leur grand retour! La vocation agricole de l'abbaye est née d'une nécessité d'après-guerre: produire pour nourrir la communauté. Nous avons hâte de découvrir chaque jour un peu plus cette symbiose monacale, harmonieuse et fructueuse.

Aujourd'hui, nous prenons nos marques avec les sœurs. Elles ont beau être très organisées, leur programme est si chargé que chaque minute passée avec elles est précieuse. Nous commençons par une session ménage. Note pour moi-même: je n'ai jamais fait le ménage dans un lieu aussi propre. Mais bon, ça ne peut pas faire de mal. Et puis somme toute, je profiterai de l'aspirateur pour méditer. Nous enchaînons ensuite sur un atelier épluchage de butternuts issus de l'atelier de maraîchage de l'abbaye, qui serviront à la confection de confiture! Sœur Elisabeth nous accompagne dans cette mission. Selon elle, la vie spirituelle est indissociable de la terre. La liturgie est elle-même rythmée par les saisons. Par exemple, Pâques fête la résurrection du Christ, la vie après la mort, et ce n'est pas un hasard si la fête a lieu au printemps, pour l'apparition des premiers bourgeons et des jeunes pousses après le rude hiver. Tout est harmonieux et cohérent. Les saisons cadencent la vie monastique, spirituelle et agricole. Les sœurs observent la nature et remercient constamment la terre nourricière; leur travail manuel ancre la spiritualité dans le réel. Il relie le ciel et la terre.

–Jour 124–

Après quelques heures d'un temps maussade, le soleil est de retour. Je profite de ces éclaircies pour me réchauffer sur un banc, contre l'église. Il n'y a plus un brin de vent, ni le moindre nuage, et je troque rapidement ma pâleur d'hiver contre un rouge écarlate. Les cloches retentissent de temps à autre. Soudain, des voix angéliques se mettent à résonner en chœur: c'est le « cours de chant » des sœurs, qui révisent leurs classiques grégoriens. Difficile de faire un meilleur fond sonore pour un moment de lecture au soleil. Je vois mes camarades de l'hôtellerie se rendre aux différents offices de la matinée. Je me décide finalement à aller aux vêpres, à dix-huit heures. J'ai toujours un peu de mal à me repérer dans le carnet de chant et à suivre les paroles, d'autant plus que la tonalité est toujours très aiguë… Si aiguë que sœur Juliette, « soliste », a du mal à faire porter sa voix, qui déraille de temps en temps, déclenchant un fou rire généralisé dans le chœur. Je suis émerveillée de voir ces femmes, habituellement si sérieuses et dévouées dans leur prière, se révéler si naturelles et joyeuses.

Nous séjournons à l'hôtellerie de l'abbaye avec une ribambelle de visiteurs aux profils variés: des jeunes filles de nos âges, des jeunes retraités, des couples de fiancés. Tous les repas et les services sont partagés. Nous faisons donc beaucoup de rencontres, et qui dit rencontres dit présentations! Nous voilà donc de nouveau exposées, sous les regards attentifs et curieux, pour présenter notre projet et ce qui nous amène ici. Le schéma se répète, les questions fusent. Une chose est sûre, l'agriculture est un sujet qui intéresse, surtout à table! Nous parlons donc beaucoup, et beaucoup… de nous. Je ne suis pas parfaitement à l'aise avec l'idée de mobiliser l'attention au cours des repas. Il y a certes une raison pratique : le flux de paroles que je débite m'empêche d'enfourner la fourchette dans ma bouche. Mais surtout, mon appétit est généralement davantage porté sur l'écoute que sur l'exposé, et me voilà condamnée à répéter la même chose, à répondre aux mêmes questions. « Comment vous est venue l'idée ? » « Comment trouvez-vous les agriculteurs ? » Une question en particulier revient souvent : « quelle ferme avez-vous préférée ? » Pourtant, nous ne nous la sommes jamais vraiment posée. Nous nous nourrissons de chaque rencontre, nous émerveillons de chaque lieu, apprenons de chaque passionné. Parfois, on nous demande aussi : « n'allez-vous que dans des fermes bio ? » Comme si la réponse par l'affirmative était évidente, alors que nous avons découvert tant de modèles innovants, de personnalités inspirantes. Nous avons délibérément laissé nos présupposés à Paris. Et puis, qui serions-nous pour juger ?

Pour la première fois, je me retrouve un peu blasée de devoir ressasser le même discours en boucle. Ironie du sort, pour nous qui venions découvrir à l'abbaye la vie routinière des sœurs, qui répètent jour après jour le même cycle, les mêmes tâches, à la même heure, les mêmes psaumes qu'elles ont déjà scandé des milliers de fois, les mêmes "Notre père" et "Je vous salue Marie". Et tout cela sans se lasser, avec le même entrain que la toute première fois. Une belle leçon de vie et d'abnégation, contre l'ennui de la monotonie, pour l'équipe de Sur le Champ. À nous d'apprendre à rendre cette répétition vivante et fructueuse.

–Jour 126–

La ferme de Boulaur élève une trentaine de vaches jersiaises. Ces demoiselles au petit gabarit sont dotées d'une magnifique robe fauve. Leurs yeux de biches bordés de blanc les rendent très charmantes. Les vaches de l'abbaye, particulièrement dorlotées, semblent toutes paisibles et affectueuses.

C'est l'heure de la traite. Une sœur-éleveuse caresse précautionneusement les mamelles de l'une d'entre elles avec des huiles essentielles. L'odeur de fleur d'oranger embaume toute la pièce. Parallèlement, Ambre apporte les seaux de lait aux petits veaux qui trépignent d'impatience, puis nous leur présentons leurs tétines, qui leur servent à aspirer le breuvage. Si ces accessoires renforcent l'ambiance maternelle qui règne à l'étable, ils permettent surtout aux petits de boire plus lentement, ce qui améliore leur digestion. Le lait issu de la traite est ensuite immédiatement transporté dans la fromagerie. Les jersiaises sont réputées pour produire un lait particulièrement riche en protéines et en matières grasses, ce qui constitue un atout incroyable pour la confection de fromage. Sœur Elisabeth compte d'ailleurs sur nous ce matin pour nous y atteler. Ici, tout est artisanal et manuel. Les cuves sont petites et les quantités produites sont minuscules. Sœur Elisabeth dégage un genre étonnant de tranquillité fertile : elle nous enseigne à prendre le temps tout en restant productives.

L'après-midi, je retrouve Ambre au jardin. Nous y semons le blé à la main, jetant les poignées de grains à la volée. Cette image d'Épinal nous envoie tout droit dans un autre siècle.

–Jour 127–

Le dimanche, c'est évidemment le jour du Seigneur. Les sœurs réalisent uniquement le travail nécessaire et incontournable, c'est-à-dire principalement le soin des vaches. Mais nous rejoignons aussi Sœur Elisabeth de bon matin pour le démoulage des fromages. Ils semblent réussis ! Ils brillent, tous blancs, sous la lumière crue du soleil d'hiver. Leur forme est parfaite et leur couleur immaculée. Après quelques jours d'affinage, ils seront vendus à la boutique de l'abbaye.

Ce que je retiens surtout de cette journée du dimanche, c'est que "le carême saute", ou autrement dit que "nous ne sommes plus tenues de jeûner". Merci pour ce doux euphémisme. Déjà qu'à Boulaur, on mange copieusement, le dimanche c'est carrément fiesta, bamboula, vin à gogo et gâteaux pour tout un régiment.

–Jour 130–

Un grand projet anime l'abbaye. Les sœurs ont décidé d'agrandir leur exploitation afin d'être entièrement autosuffisantes et de ne plus dépendre des dons. Elles construisent donc un nouveau bâtiment pour augmenter les capacités de leur étable. Depuis quelques jours maintenant, nous travaillons sur le chantier, à la construction d'un mur en terre cuite. Je m'applique à aligner une à une les briques, puis à les fixer en étalant du béton. Je tente de les disposer bien à la même hauteur mais le niveau à bulle me joue parfois des tours. Les sœurs sont intransigeantes, et n'ont pas de scrupules à défaire mon travail si l'alignement n'est pas parfait. Ici, on prend le temps de bien faire les choses. Pour Dieu, pas de concession. Ce mur m'apprend rigueur et patience. Mais quelle satisfaction de le voir prendre forme de jour en jour, en apportant, littéralement, notre pierre à l'édifice !

Au jardin, le moment est à la plantation de pois mange-tout. Tout est bien sûr réalisé à la main, ou plus exactement au pouce qui sert de mesure pour espacer les pois. Le jardinage est méditatif et souvent silencieux. Je me surprends à être aussi calme, et à me concentrer dûment sur chaque petite graine que je sème. Et si finalement la vie contemplative m'allait plutôt bien ?

– Jour 131 –

Je rejoins une sœur pour désherber manuellement une parcelle de fleurs. Elle veut que l'opération soit réalisée parfaitement : il ne doit plus y rester un seul tubercule. Il est peu de dire que la minutie que cela requiert est contre-intuitive pour moi, plus habituée à chercher la rapidité que la perfection. Je suis plus du genre à "dépoter", comme j'aime dire, mais j'apprends.

Ce retour au travail concret, manuel, délicat, consciencieux de la terre, rend une forme d'authenticité à ce que nous accomplissons, et nous ancre aussi dans le temps long. Il nous rappelle qu'on ne peut pas forcer la nature, qui suit invariablement le rythme des saisons, et que chaque chose doit prendre le temps qu'il lui faut, incompressible, pour vivre et mûrir.

*

Les vignes du jardin offriront fin août de beaux raisins de table. Pour le moment, elles viennent d'être taillées, et je suis chargée de "tirer les bois", ce qui consiste à enlever les branches des pieds de vignes qui ont été coupées mais qui restent accrochées. Tout est entortillé. Je m'agace. Mais je comprends rapidement que ce n'est pas en tirant plus fort dessus que cela a une chance de fonctionner. Pourquoi se presser, Camille ? Le temps est long à Boulaur. Chaque tâche est lente et réalisée avec patience. Patience, patience. Pas évident pour l'hyperactive que je suis.

La cloche sonne. Je dois m'arrêter de travailler immédiatement. Mais, ma sœur, je suis au milieu d'un rang. Peut-être puis-je finir ? Non, ici, il faut apprendre à ne pas finir. Apprendre à faire passer le travail au second plan, après la prière. À prendre le temps, à privilégier le beau au rapide, l'excellence à la masse, le durable à l'instantané. Ici, à Boulaur, on construit pour la vie, on cultive la vie et on célèbre la vie.

*

"L'oisiveté est l'ennemi de l'âme". Le proverbe de Saint Benoît prend tout son sens au sein de l'abbaye. L'activité agricole occupe manuellement, physiquement, toute la communauté, et permet à la fois à ses membres d'entretenir leur prière, et c'est finalement toute leur journée qui devient prière. Travail et prière se nourrissent l'un l'autre : ce sont des vases sans cesse communicants.

Une sœur m'explique : « nous, on ne voit pas nos enfants grandir, mais on voit toute la nature porter du fruit ». Ces femmes ont renoncé à la maternité pour la vie monastique et n'en sont aucunement frustrées. Au contraire, elles rayonnent, et leurs yeux pétillent de joie. Elles semblent pleinement épanouies par cette vie en osmose avec la Nature et Dieu, qui ne font qu'un à travers elles.

–Jour 133–

La routine s'installe à Boulaur, et nous nous y sentons bien. Chantier, jardin, étable, fromagerie. Nous rendons service en prenant le temps. Nous nous nous faisons à la vie monastique agricole. C'est amusant, les sœurs nous confirment qu'elles ne sont pas issues du monde agricole, et qu'elles n'ont pas plus reçu d'enseignement dans le domaine. Seulement, Dieu les a appelées à Boulaur. Et à Boulaur, on est agricultrice. Ce métier qu'elles n'ont pas vraiment choisi leur apparaît pourtant comme une évidence. Le contact avec la création, avec les créatures, les animaux, les aide à entrer en relation avec le créateur. Certaines femmes enfilent des bottes par amour pour leur mari. Elles, le font par amour pour Dieu. Et il semble plutôt bien le leur rendre.

Les sœurs ont fait le choix de l'agriculture biologique : elles estiment que c'est de cette façon que la terre peut donner le meilleur d'elle-même, sans lui en demander trop, en sachant se contenter de ce qui nous est offert. Elles décident cependant d'un équilibre entre tradition et modernité, dans lequel les outils sont les bienvenus pour améliorer les conditions de travail. L'objectif reste de produire à manger, et non de réaliser un chemin de croix !

*

C'est notre dernier soir à l'abbaye de Boulaur. Je sors tout juste des complies. Une splendide voie lactée déploie toute sa majesté sous mes yeux extasiés et émus. Un cadeau du ciel, qui n'a jamais aussi bien porté son nom.

Chapitre Sept
Le Village Potager – Chez Hélène, Etienne et leur équipe – Seine-et-Marne

Un modèle économique innovant au service de l'écologie et de la réinsertion.

–Jour 136–

Le site sur lequel nous venons d'arriver, l'ancienne ferme du château de Bailly, date de plus de deux-cent-cinquante ans. À cette époque, il accueillait des animaux et des vergers. Plus tard, ils ont été remplacés par une distillerie et un centre équestre. Plusieurs histoires agricoles se sont succédées dans ce lieu illustre, niché au cœur de la forêt de Fontainebleau.

À leur tour, Hélène et Etienne ont décidé d'écrire la suite de sa légende. Il y a maintenant trois ans, ils se sont lancés dans ce projet un peu fou : cumuler sur un même site impact social, impact environnemental et rentabilité. C'est ainsi que naquit ici, à Saint-Pierre-lès-Nemours, le Village Potager, une ferme de plus de 40 hectares dont 11 destinés au maraîchage biologique et 7 500 mètres carrés de serres. Aujourd'hui, le couple pilote une exploitation florissante, avec ses 12 maraîchers, au sein d'une équipe d'une vingtaine de personnes.

On le devine facilement à son nom : le Village Potager est bien plus qu'une ferme maraîchère, c'est un vrai lieu de vie. Certains y habitent, d'autres y passent pour faire leurs courses, y séjournent le temps d'un week-end, d'une semaine de vacances, d'un séminaire…

En ce début de printemps, nous enfilons nos gants et aiguisons nos sécateurs pour nous plonger dans les plaisirs de la plantation, la récolte, le désherbage, la préparation des paniers… Mais surtout pour apprécier la dimension innovante de cette exploitation, développée suivant le modèle d'une startup et nourrie par les expériences en management de ses fondateurs.

Dès le soir de notre arrivée, Etienne nous confie : « l'idée du Village Potager est née à l'autre bout du monde, en 2016, alors que nous étions partis comme volontaires, avec Hélène, au sein d'une ONG aux Philippines, en recherche de plus de sens par rapport à ce que nous faisions en France. Tout de suite, l'esprit du lieu nous a fascinés : cette ONG agissait comme un incubateur pour entrepreneurs sociaux, en se servant de l'agriculture comme levier d'action et de croissance. De là est née notre volonté de créer des lieux qui, chez nous, en France, conjugueraient l'efficacité d'une entreprise agricole moderne avec les bénéfices environnementaux et sociaux d'un espace différent, préservé… Et l'idée du village a fini par germer ! De retour en France, nous avons mis dix-huit mois à préparer le projet : nous former au monde agricole (nous avons tous les deux obtenu un diplôme dans le domaine), monter notre business plan, comprendre les leviers de rentabilité d'une ferme… et surtout, trouver un lieu ! En mars 2018, nous signions enfin pour l'achat d'une ferme à Saint-Pierre-lès-Nemours et dès le lendemain, nous plantions nos premiers oignons (10 000 tout de même !). »

Le cœur de métier du Village Potager depuis le départ est la production de légumes bio. L'équipe de maraîchers y développe des pratiques agroécologiques, notamment en renforçant la biodiversité sur le site et en réduisant au maximum le travail du sol. Le mois d'avril commence à peine, mais les légumes abondent déjà : les champs sont bien garnis, les serres dévoilent de belles palettes de couleurs printanières.

–Jour 137–

Notre réveil est radieux, malgré le temps brumeux. J'entrouvre la porte de notre petit mobil-home et mets de l'eau à chauffer ; Ambre s'étire sur la terrasse construite à partir de palettes récupérées.

La journée débute à huit heures et demie par un point d'équipe ! L'activité se divise en deux pôles. D'une part, le pôle "Amont" est chargé de la production de légumes : planification, préparation du sol, semis et plantation, entretien des cultures et suivi sanitaire. D'autre part, le pôle "Aval" est responsable des récoltes, de la préparation des commandes, de la vente et de la livraison.

Nous rejoignons toutes les deux l'équipe Amont pour la plantation d'oignons. La parcelle est cultivée en maraîchage sur sol vivant, une méthode qui consiste à éviter le labour afin de préserver au maximum la vie du sol. Pour ce faire, la terre est recouverte d'une bâche en plastique que nous devons percer à intervalles réguliers pour y déposer les jeunes oignons. La radio nous accompagne dans notre labeur : c'est physique, mais en musique ! La pluie, cependant, ne nous ménage pas, et forme des flaques de plus en plus larges sur la bâche noire.

*

Vu la quantité que nous en avons plantée, cette première journée de travail peut facilement être résumée sous le titre "oignons". Recouverts ensuite de compost, ils disposent désormais d'un nid bien douillet, qui leur offrira l'énergie et le confort nécessaires tout au long de leur croissance.

*

Une bonne nouvelle vient égayer la fin de notre premier jour : nous sommes invitées à une soirée dans la coloc de Yohanes, un employé de la ferme. Social, ce village !

–Jour 138–

Matinée récolte. Je remplis des caisses de poireaux pendant qu'Ambre ramasse salades et choux. Ensuite, une partie de ciboulette nous attend : nous devons en constituer deux cents bouquets.

Le maraîchage est très exigeant. Hélène et Etienne estiment qu'il faut proposer trente à quarante variétés de légumes en permanence pour satisfaire les clients, et leur permettre de ne pas s'ennuyer en cuisinant ! Au total, cela représente près de 160 sortes de légumes sur l'année. À raison de 300 séries de cultures pour 40 semaines, il faut donc s'occuper de 8 séries de cultures par semaine. Un travail monstre. Du côté de la production, c'est donc la diversité qui est mise en avant comme facteur de différenciation. On trouve au Village Potager six variétés de radis de garde, vingt-et-un aromates, dix sortes de tomates…

Du côté de la vente, la distribution en circuits ultra courts est le mot d'ordre : en travaillant avec neuf AMAP (Associations de Maintien de l'Agriculture Paysanne), les paniers vont vers toutes les communes avoisinantes, sans compter les ventes à la ferme les vendredis et samedis, les distributeurs partenaires de légumes bio locaux comme la marque Au Bout du Champ, la Coopérative…

*

Une fois les récoltes achevées pour la journée, tout le monde se rassemble à la “dalle”, l'espace de tri pour la confection des paniers. Théo nous transmet les consignes et lance la musique à fond. Avec sa chemise à carreaux et ses ongles noircis, on oublierait presque que c'est un parisien en reconversion.

–Jour 139–

Nous voilà une dizaine, ce matin, réunis sur la parcelle des fèves pour désherber. Certains sont aux manettes d'un pousse-pousse pour enlever les adventices entre les rangs, d'autres brandissent une petite fourche à dents pour arracher un par un les vilains rumex qui envahissent la parcelle de leurs profondes racines rigides. Sous la chaleur, des gouttelettes de sueur commencent à perler sur le front des maraîchers. Les genoux pliés, le dos penché, ils sont tout à leur ouvrage.

Ici, tout le monde est logé à la même enseigne. On ne peut discerner qui, parmi les travailleurs, est en réinsertion. Le Village Potager compte en effet sept de ses dix-neuf salariés en CDDI (contrat à durée déterminée en insertion). Engagés ainsi pour deux ans, ils peuvent ensuite soit rester travailler, soit chercher ailleurs. Qui peut être concerné par un tel contrat ? Toute personne qui ne s'est pas encore insérée dans la vie professionnelle pour une raison quelconque. Le Village Potager leur donne donc l'opportunité de pouvoir dire, en partant, « j'ai deux ans d'expérience dans le métier », ce qui représente un sacré tremplin pour trouver un emploi agricole pérenne. Et pour ce qui est du travail quotidien, la magie de l'union par la terre opère : les mains dans le compost, elle rassemble tous les salariés, sans distinction.

Etienne nous explique son objectif avec enthousiasme : « on veut arriver à démontrer au marché qu'on peut faire tourner une exploitation maraîchère rentable avec cette mission sociale, qui est de créer de l'emploi maraîcher et de l'impact territorial sur le plan alimentaire ». Pour ce couple issu du monde de l'entreprise, ESS – économie sociale et solidaire – peut aussi rimer avec performance. Avec Hélène, ils capitalisent sur leurs vingt années d'expérience, pour elle en marketing dans une grande entreprise ferroviaire, et pour lui dans un grand groupe de verrerie. Leur Village Potager est donc une exploitation qui revendique d'avoir un fonctionnement d'entreprise, à la différence de certaines fermes construites sur un modèle plus familial. Recruter, planifier, négocier, organiser le travail des autres, communiquer… sont autant de prérequis qui, loin des compétences agricoles standards, font partie de leur mission, et sont même indispensables quand on souhaite cultiver 160 variétés de légumes chaque année sur 11 hectares.

Finalement, Etienne a réalisé le chemin inverse, par rapport à la classification que l'on connaît et que l'on nous apprend à l'école : il a commencé dans le secteur tertiaire, puis est passé dans le secondaire pour achever sa carrière dans le primaire. Original et inspirant comme parcours !

Pour lui, ce fut un cheminement tout naturel : dans le tertiaire, en particulier dans le monde du conseil, il avait l'impression de voir la boucle se répéter à chaque mission, indépendamment des nouveaux clients qui se présentaient à lui. Cela représentait quelques compétences supplémentaires pour lui, tout au plus, mais jamais d'avancée significative, de marche vraiment gravie. À l'inverse, quel plaisir inouï ressent-il désormais chaque matin, de poser une nouvelle brique pour construire quelque chose d'unique, de beau, pour lui et pour les autres. C'est un remarquable sentiment d'accomplissement, libérateur et incomparable avec sa vie d'avant.

*

Ce soir, place à la raclette du printemps ! Un bel oxymore qui reflète bien le choc thermique de notre première semaine au Village. Après avoir travaillé en tee-shirt dans le sud, le temps pluvieux de la Seine-et-Marne nous a gratifié d'une fraîche piqûre de rappel : non, ce n'est pas encore l'été. Autour d'une séduisante combinaison vin-fromage-copains, la soirée promet néanmoins d'être enflammée.

–Jour 142–

Après une semaine sous la pluie, le beau temps est enfin revenu ! Nous rangeons nos bottes et enfilons nos casquettes. Il va faire chaud, très chaud.

Nous fêtons l'anniversaire de Matthieu, un des maraîchers de l'équipe. Il souffle ses bougies sous nos applaudissements. Ici, tous les prétextes sont bons pour manger des gâteaux : un jour nous célébrons l'anniversaire de Matthieu, le lendemain les deux ans de mon homonyme Camille au Village Potager, le jour d'après la fin du stage de Guillaume... Il fait bon vivre dans ce village !

*

Le sentier qui traverse la ferme donne directement accès à la forêt de Fontainebleau. Je profite du beau temps pour m'échapper dans les bois en fin de journée, direction le rocher du paradis. Je n'aurais jamais imaginé que le paradis était si facilement accessible. En tout cas, on s'y sent bien, les oiseaux chantent, le calme règne.

–Jour 144–

Aujourd'hui, c'est jour de livraison. Nous mettons le cap sur la capitale en compagnie de Stéphane pour approvisionner cinq des neuf AMAP parisiennes.

Les AMAP permettent d'engager les citoyens auprès des agriculteurs : ils paient à l'avance les maraîchers et reçoivent chaque semaine un panier de légumes de saison. Si les paniers sont un peu plus fun en été, la variété de produits offerte par le Village Potager permet quand même de régaler toute l'année ses fidèles amapiens.

En discutant à l'avant du camion, je découvre que Stéphane connait mon père ; ils étaient dans le même club de cyclisme à Montereau. Le monde est tout petit.

Dans chaque local, un bénévole nous attend pour réceptionner nos paniers. Tous sont très avenants ; certains confient leur satisfaction de collaborer avec le Village Potager. Pour eux, rejoindre une AMAP est la garantie d'avoir des légumes frais, locaux, biologiques. Mais leur implication va bien au-delà. Ils réaffirment leur soutien inconditionnel aux maraîchers en leur fournissant une avance de trésorerie en début d'année : ce faisant, ils s'engagent à leurs côtés pour le meilleur et pour le pire. Si l'agriculteur loupe sa plantation de poireaux, tant pis pour les poireaux cette année. Si les salades sont grignotées par les limaces, ça fait partie du jeu. Ils font confiance aux producteurs et acceptent les aléas météorologiques.

–Jour 145–

Le week-end, l'ambiance s'embrase au village : les habitants, rejoints par leurs amis, partagent le petit déjeuner sur la terrasse du mobil-home.

Nous profitons de ces jours de repos pour explorer notre environnement. La forêt de Fontainebleau et ses massifs rocheux nous initient à la grimpe et nous offrent adrénaline et sensations en abondance.

–Jour 149–

La journée qui s'ouvre sera consacrée à un grand chantier d'irrigation. Les tuyaux remplis d'eau ont gelé pendant la nuit. Ils sont lourds, difficiles à porter. J'en place un grand sur mon épaule et le tire sur la parcelle en m'aidant du poids de mon corps. Les tuyaux défilent les uns après les autres, tandis que les maraîchers qui s'affairent enlèvent une à une leurs couches de vêtements. Après une grosse matinée de travail, l'irrigation est enfin en place.

Le soir, Etienne dispense une formation à la gestion d'une ferme maraîchère à toute l'équipe de stagiaires. Cet agriculteur, ancien patron d'un grand groupe et professeur à HEC, déborde de pédagogie. Sa passion pour son métier est communicative. À ses côtés, tout devient simple. La notion d'EBITDA[1] devient enfin limpide. Je constate qu'au-delà de tout l'apprentissage sur le terrain, en journée, ce cours du soir est un des plus beaux cadeaux qu'Etienne peut faire à ces futurs agriculteurs. Et si savoir analyser la rentabilité de son exploitation était la clef du succès pour un maraîcher responsable ?

–Jour 150–

L'année dernière, des biches et des chevreuils ont mangé 40% des récoltes d'un lot de parcelles. On a l'habitude de dire "allez, c'est les 10% pour la nature !" Mais 40%, quand même, la nature abuse un peu de notre générosité. Je suis donc missionnée ce matin pour surélever les clôtures des champs. Je déploie les lys, perce des trous dans les poteaux en bois. Je suis seule à la tâche. Pour me distraire, je m'entretiens avec les clôtures, qui m'en font voir de toutes les couleurs. Je manque même d'allumer un feu avec la perceuse qui chauffe au contact du bois, et essaime de fines étincelles suivies d'une inquiétante fumée. Pour clôturer le tout, je casse la tête de la perceuse, ramollie par la chaleur. Bravo Camille, bien joué sur ce coup-là !

*

La forêt est paisible, le soleil se couche à peine mais la luminosité est déjà bien descendue. Ce soir, la nature a décidé de se montrer généreuse. Le bal commence avec le passage furtif d'une famille de chevreuils. Soudain surgit un sanglier, avec lequel je me retrouve nez-à-nez. Alertée par un hululement, j'assiste ensuite à l'envol d'une chouette, avant que n'arrive le bouquet final : un petit renard pressé qui passe juste devant le mobil-home.

–Jour 151–

Le Coop bio Île-de-France vient de commander 140 kilos de ciboule. À vos couteaux, c'est parti ! On récolte, on assemble. Tout le monde s'y met. Les innombrables bouquets défilent entre nos mains. Il y a de la ciboule à en perdre la boule.

–Jour 153–

Au briefing du matin, Naomi me glisse à l'oreille : « Je crois qu'il faut changer l'irrigation qu'on a installée, ce n'était pas le bon calibre ». « Quoi, encore ? Ça va faire deux jours qu'on déplace les câbles dans tous les sens ! » Très vite, je me mets à rire. Je viens de réaliser que nous sommes le premier avril. Ravie de commencer la journée par ce beau poisson !

Aujourd'hui, c'est journée 100% désherbage… autant dire journée 100 % sudation ! Eh oui, c'est ça le maraîchage : à la binette, au pousse-pousse ou tout simplement avec les mains. Passe-pied et inter-rang[2], personne n'y échappe. À force, on peut finir par se demander : à quoi bon désherber ? Dans une semaine, tout aura repoussé. C'est vrai, mais l'objectif est de donner la priorité à la plante que l'on souhaite cultiver. C'est la principale contrainte du maraîchage bio : on dit souvent que le désherbage occupe 30% du temps de travail d'un maraîcher…

*

Nous apprenons qu'une employée qui ne vit pas sur le site a des problèmes familiaux, et doit quitter sa maison. Le soir même, elle trouve un nouveau "chez elle" au sein du village. Nous l'accueillons donc avec un grand sourire, dans une ambiance de colonie de vacances. Et une villageoise de plus pour nos apéros !

Je crois que ça y est, je me sens villageoise. Je lâche sans y faire attention des "chez nous" et autres "à la maison", je parle en disant "on" quand je croise un client… Mission accomplie ! L'hospitalité du village m'a apprivoisée.

*

Le coach de notre équipe étudiante de rugby à HEC ne cessait de nous répéter avant les matchs : « C'est quoi une équipe ??! » Nous pensons en voir ici une belle image : énergie, entraide, communication, diversité et bonne humeur !

Ils étaient directeur de grand groupe, instituteur, comédien, menuisier, pizzaïolo, musicien, tailleur de costard... Ils sont maintenant chef d'exploitation, chef de cultures, maraîcher, jardinier, livreur, stagiaire... Tous réunis par cette volonté de rendre chaque jour ce Village Potager encore plus fructueux, beau et accueillant.

Une immersion très dense s'achève. Nous avons jonglé entre le travail prenant de maraîcher, les soirées animées et les sorties de grimpe sur les rochers de Fontainebleau. Cela nous aura laissé peu de temps pour prendre la plume, mais notre amitié avec l'équipe du Village Potager parle d'elle-même. Nous repartons les bras chargés de deux magnums de rosé, mais emportons surtout avec nous pleins d'idées en germe, de précieux enseignements, et la découverte d'une ferme maraîchère pas comme les autres... sans compter l'irremplaçable sentiment d'appartenance à ce village où tout fait sens.

« Revenez quand vous voulez ! », nous lance-t-on au moment où nous nous apprêtons à reprendre la route. Une phrase que je garde précieusement dans un coin de ma tête.

Notes

1. Earning Before Interest and Tax

2. Passe-pied : passage entre deux planches de culture

Inter-rang : espace de terre entre deux rangs de culture

Chapitre Huit
La Ferme qui Soigne – Chez Raphaël et Babeth – Languedoc

La Biodiversité, le meilleur des remèdes.

Alors que nous roulons en direction de Saint-Privat, nous nous octroyons une halte pour un pique-nique au Broc, petit village perché en Auvergne, avant une balade dans les champs de colza en fleur. C'est le printemps Sur le Champ.

Les huit heures de route passent vite, nous voilà déjà presque arrivées. Nous retrouvons des paysages familiers, sentons approcher l'air rebelle qui souffle sur le plateau du Larzac.

La C3 s'avance dans une allée bordée d'oliviers. Sur le côté, une blonde sexagénaire toute menue brosse le flanc d'un cheval blanc. C'est Babeth, la compagne de Raphaël. Elle nous guide jusqu'au gîte de l'olivette, une charmante petite maison ocre, qui nous offre fraîcheur et repos. Entourée d'arbres fruitiers et de cactus, elle se réveille chaque matin dans la douce mélodie des oiseaux du sud. Nous adoptons l'olivette aussi vite qu'elle nous adopte. Dès la première heure, nous nous y sentons chez nous.

Notre huitième étape se niche sur les hauteurs du Languedoc, où la nature foisonne, le printemps mouchetant progressivement de couleurs vives les quatre coins de la ferme. Nous sommes à Oleatherm, chez Babeth et Raphaël Colicci, qui ont quitté leur Bretagne et leur Italie natales pour venir s'installer ici, il y a trente ans. À cette époque, on les prenait pour des fous, à vouloir faire pousser des oliviers et des fruitiers sur une terre rocheuse et stérile. Mais avec patience et persévérance, la biodiversité a fleuri, les arbres ont grandi, et Oleatherm est devenue une magnifique exploitation, une ferme qui soigne la Terre et l'Homme.

Ce joli couple cultive donc olives, grenades, agrumes, mais aussi de l'asimine, des feijoas, et d'autres plantes aux noms farfelus qui représentent pour Raphaël l'œuvre de toute une vie, un trésor inestimable. Tout leur travail est orienté vers la préservation d'une biodiversité qui soigne, entre l'entretien de ce merveilleux conservatoire, et les soins que l'on retrouve dans leur centre de bien-être. Autant dire qu'ici, il fait bon vivre, et que nous sommes enchantées de partager un petit bout du rêve de ce couple inspirant.

–Jour 159–

Raphaël marche dans ses champs, chaussé de sandales en cuir. La corne de ses pieds est épaisse, et a pris la couleur brune du sol. Une chemisette à carreaux recouvre son ventre arrondi. Ses yeux bleus perçants éclairent son visage parsemé de taches de rousseur, accentuées par le soleil ardent. Ses mains charnues et calleuses sont le miroir de sa vie.

Nous faisons la connaissance de Grégory, alias Greg, et William, les deux employés de Raphaël. Munis d'une bêche, nous libérons les jeunes grenadiers envahis par l'herbe grimpante. Récemment, tout comme les vignes, les arbustes ont subi les gels et ce n'est pas très beau à voir. C'est contre-intuitif, mais les libérer du manteau d'herbe touffu qui grimpe depuis leurs pieds permet de les préserver : en réalité, l'herbe montante conduit le froid.

*

La journée se poursuit à la maison, par un atelier effeuillage de verveine avec Babeth. Assises autour de la grande table en bois, nous papotons pendant que nos mains filent sur les feuilles tout juste cueillies.

–Jour 160–

À la sortie d'une route sinueuse, nous apercevons le pont de Montifort. L'édifice en pierre datant du XIVe siècle surplombe la Soulondre, un joli cours d'eau à la couleur vert émeraude. Nous venons d'arriver à Lodève, la ville la plus proche de notre ferme, afin d'y faire quelques courses pour notre séjour chez les Colicci. Le supermarché me paraît immense, tout à coup. Les rayons multicolores me donnent le vertige. L'opulence m'agresse. Je suis tendue. Je sens que je deviens irritable. Ambre tournicote dans le rayon, perdue, les yeux rivés sur les énormes bannières publicitaires. Je lui partage mon sentiment. Rassurée, elle sourit. Elle ressent la même chose. L'exubérance de la grande surface nous déstabilise, bouscule nos nouvelles habitudes. Serions-nous devenues des rats des champs ?

Le Rat de ville et le Rat des champs

Autrefois le Rat de ville
Invita le Rat des champs,
D'une façon fort civile,
À des reliefs d'Ortolans.

Sur un Tapis de Turquie
Le couvert se trouva mis.
Je laisse à penser la vie
Que firent ces deux amis.

Le régal fut fort honnête,
Rien ne manquait au festin ;
Mais quelqu'un troubla la fête
Pendant qu'ils étaient en train.

À la porte de la salle
Ils entendirent du bruit :
Le Rat de ville détale ;
Son camarade le suit.

Le bruit cesse, on se retire :
Rats en campagne aussitôt ;
Et le citadin de dire :
Achevons tout notre rôt.

- C'est assez, dit le rustique ;
Demain vous viendrez chez moi :
Ce n'est pas que je me pique
De tous vos festins de Roi ;

Mais rien ne vient m'interrompre :
Je mange tout à loisir.
Adieu donc ; fi du plaisir
Que la crainte peut corrompre.

Jean de la Fontaine, *Les Fables*

–Jour 161–

La coquille remue. Elle vibre. Presque imperceptiblement, l'enveloppe craquèle. Une première fissure apparaît. Puis la deuxième, quelques secondes plus tard. Un minuscule bec pointe, puis replonge dans son abri. Il revient à nouveau, accompagné d'un bout de plumage. Sa troisième apparition fendille de plus belle l'habitacle. Une pelote rousse émerge, les paupières encore à demi-closes. La lumière du jour déboussole le petit être titubant. Courageusement, il fraye son chemin pour s'affranchir de son cocon blanc, qui l'a accueilli ces vingt et un derniers jours.

Je touche du doigt la fragilité et la force de la nature. Les premiers pas sont hésitants, le pelage gluant, mais très vite retentissent les premières mélodies de la vie. Le poussin rejoint ses camarades arrivés au monde quelques heures auparavant. Ces petits êtres aux pattes de dinosaures sont sous couveuse depuis trois semaines, chauffés par les 38 degrés ambiants.

*

Ce matin, Babeth dévoile notre mission du jour: étaler du BFR (Bois Raméal Fragmenté, un mélange de résidus de broyage) sur ses rosiers de Damas, par souci esthétique, mais aussi pour prévenir de la pousse d'adventices. En été, puis à l'automne lors de la seconde floraison, Babeth en cueille les pétales un par un pour confectionner des huiles et des parfums.

*

Raphaël est concentré sur un arbre décapité. En agriculture, en cas de problème, on peut tout simplement couper une tête pour en mettre une autre; pratique, n'est-ce pas? C'est la magie de la greffe. Instinctivement, le mot me renvoie plutôt à une transplantation cardiaque ou rénale. Heureusement, celles des arbres sont bien plus bucoliques, même si la concentration requise avoisine celle d'un chirurgien! Aujourd'hui, un pêcher doit être greffé sur un prunus sauvage. Nous entamons l'opération: je scalpe le prunier, puis Raphaël dessine une fine tranchée le long de son écorce, où Ambre dépose le petit greffon aux multiples bourgeons. Enfin, le chef emballe le tout avec de la cire et un gros rouleau de chatterton, pour protéger la chimère des aléas et du froid. Il n'y a plus qu'à croiser les doigts: en cas de succès, les premières feuilles pousseront d'ici cinq ou six jours.

*

Raphaël s'extasie devant chaque plante. Il vante ses propriétés curatives, narre quelques éléments de son histoire et de sa provenance, entame une longue liste de mots scientifiques qui nous semblent bien obscurs mais qui, dans sa bouche, leur confèrent une richesse incommensurable. Débordant d'énergie, il transmet avec passion ses connaissances si précieuses aux "jeunes", qu'il ne cesse de mentionner, et sur lesquels reposent tous ses espoirs.

Plusieurs ont d'ailleurs monté des entreprises qui bénéficient des produits et des connaissances d'Oleatherm : une fille du village confectionne des savons à partir des olives de la ferme, un autre petit gars réalise des jus de nopal – un petit cactus de la famille des fruits oubliés, riche en acides aminés et en protéines.

C'est d'ailleurs, à mon avis, grâce à cet espoir placé dans la jeunesse que nous avons la chance d'être là. Et c'est bien une chance ! Certains paient en effet très cher pour séjourner dans ce petit paradis, quand pour nous ses portes se sont ouvertes sans effort, juste par un pur hasard, qui a très bien fait les choses. Nous avions visité Oleatherm lors de notre immersion chez Nicolas Brahic, car Raphaël avait eu besoin des copeaux de buis magiques pour régénérer ses sols, après une période de forte sécheresse. Nous avions alors parcouru les chemins de sa ferme, et à la seule vue d'une petite partie de son domaine extraordinaire, une idée, devenue rapidement conviction, a germé et fait son chemin dans notre esprit : il fallait que nous revenions ici. Nous n'avons donc pas tardé à le rappeler pour réfléchir à notre venue pour une immersion. À peine eût-il reconnu nos voix, qu'il s'exclamait : « Mais avez-vous un seul défaut ? Vous êtes décidément parfaites ! Bien sûr, vous êtes les bienvenues. Prévenez-moi pour que je vous réserve un gîte ! »

Avec Raphaël, la nature s'illumine. Il appelle les poussins à peine sortis de leur coquille ses "bébés", ses chiennes sont ses "chéries", et ses chèvres sont ses "belles". La moindre promenade dans son potager, à ses côtés, est source de fascination : lui est captivé par ses plantes, et nous par ses explications.

–Jour 162–

À Oleatherm, je retrouve un petit air de l'abbaye de Boulaur : en toute chose, priorité est donnée au Beau. Qui plus est, ici, Beau et Bien-être vont de pair, et ne se quittent jamais. Comment ne pas s'y plaire ? La Beauté est la première des thérapies, simple, douce et gratuite. Admirer un petit bourgeon s'ouvrir de jour en jour, sentir les oliviers frissonner, suivre du regard le vol empressé d'un serin cini, se promener dans un chemin aux mille couleurs, se laisser aller au calme environnant, admirer la vue sauvage, se perdre au détour des sculptures de bois et de pierre. La beauté, pour sûr, apaise l'anxiété, fait fuir le stress et chasse les tracas. Elle laisse place au bien-être. En ce qui me concerne, elle me donne aussi envie d'écrire, de mettre des mots sur notre quotidien idyllique.

–Jour 169–

Il est sept heures et demi, le chant des oiseaux se mêle aux frémissements des arbres. Je m'étire de tout mon long, j'aperçois le ciel bleu, et devine le soleil surgir à l'horizon. La journée peut commencer!

Ce dimanche, nous faisons un petit retour en arrière en remontant sur les plaines du Larzac. Maurice, le voisin de Nicolas, chez qui nous étions toujours fourrées, nous a invitées à partager un "goûter-dessert". Sur les routes sinueuses qui grimpent de Saint Privat jusqu'au plateau, nous sommes envahies par un grand sentiment de liberté: nous allons enfin retrouver ces grandes étendues, rouler au milieu d'une route déserte, et voir se dessiner, au loin, le hameau du Coulet. Maurice, alias Momo, nous accueille chaleureusement, fidèle à lui-même. Rien n'a changé en trois mois, les mêmes tapis calfeutrent son intérieur et les mêmes tartes à la confiture attendent d'être dégustées. Tout le monde est au rendez-vous: Nicolas, Marie, Laurent, Marion sa compagne, même leurs enfants qui s'amusent à Momo Land. Cela nous fait chaud au cœur de les voir tous rassemblés, joyeux et souriants. Nous rions, nous rappelons des bons souvenirs de notre séjour, et racontons nos aventures respectives depuis notre départ du Larzac. La vie continue sans nous au Coulet, sur ce plateau haut perché où nous nous sentons si bien. Ah si, finalement, une chose a changé! Maurice, après quatre mois de "jeûne" plus ou moins intermittent, arrive enfin à rentrer dans le magnifique costume bleu Celio en solde, mais trop petit d'une taille, dont il n'arrêtait pas de parler. Il ne se fait pas prier et s'empresse d'aller le revêtir pour nous le montrer. Les "wow!" exagérés et les rires fusent lorsqu'il revient dans la pièce comme nous ne l'avions jamais vu, fagoté comme un ambassadeur. Notre visite se conclut selon un rite bien établi... comment passer chez Maurice sans faire une partie de chapeau ?

– Jour 171 –

Perchée sur le Rocher des fées, je regarde couler l'eau du ruisseau en contrebas, qui se faufile vers un petit bassin en remuant au passage les quelques feuilles tombées des arbres environnants. Le temps s'arrête, suspendu. Je n'ai pas mon téléphone. Je n'ai pas l'heure. Le trajet monotone de l'eau qui s'écoule entraîne mon esprit dans son propre cheminement. Je m'égare avec volupté. Il est rare d'avoir ce temps, sans contrainte, sans rendez-vous, sans stress. Mon esprit divague, sans retenue. Il suit l'eau dans sa course infinie.

Perdues dans nos fermes, situées parfois à plusieurs kilomètres de la première ville, nous échappons au temps. Malgré nos journées chargées, entre le travail agricole, celui sur nos vidéos, notre podcast, notre com', les réunions, les appels ou encore les missions pour Eloi, nous avons encore du temps, à notre grande surprise. Dispensées des sollicitations extérieures, nous avons du temps pour lire, du temps pour chanter, pour cuisiner, se balader, du temps pour rêver.

*

Nous côtoyons l'imprévu quotidiennement, et ce depuis maintenant un bon nombre de mois. Nous apprenons à l'aimer, lui être fidèles, nous attacher à son charme. Nous nous réveillons chaque matin sans connaître la teneur de la journée, sans pouvoir deviner sa couleur. L'imprévu joue avec nous, bricole nos vies, et nous y prenons goût. Ce lâcher-prise forge notre adaptabilité.

*

Ambre m'appelle pour dîner. Elle a tout préparé, et une délicieuse odeur se dégage de la cuisine. Je la rejoins à table lorsque trois petits coups retentissent sur notre porte. Père Raphaël vient nous raconter l'histoire du soir. De son petit air taquin, il entonne un récit à la troisième personne d'une voix qu'il veut très théâtrale : il nous déguise le conte de sa propre vie derrière celle d'un personnage de jeune veinard. Nous sommes conquises.

–Jour 173–

Le monde entier est un cactus
Il est impossible de s'asseoir
Dans la vie, il n'y a que des cactus
Moi je me pique de le savoir
Aïe ! aïe ! aïe !, ouille !, aïe ! aïe ! aïe !
Jacques Dutronc

*

Chez Oleatherm, les cactus sont partout et ils sont fantastiques. La chanson de Jacques Dutronc résonne dans ma tête en permanence. "Le cactus, c'est la vie" comme dirait Raphaël. C'est surtout une plante pour les fainéants : pour la faire pousser, il suffit d'en couper une oreille sur un autre pied, et de la lancer par terre. Ensuite, elle se débrouille toute seule pour se développer.

Mais son caractère magique dépasse cette praticité agricole. Le cactus est aussi un mets d'exception. Certains le considèrent même comme la viande de demain. Ici, on cultive le Figuier de Barbarie, dit "nopal". Outre ses vertus antioxydantes et anti-inflammatoires, il permettrait de soigner les troubles gastro-intestinaux et de diminuer le taux de glucose sanguin chez les diabétiques. Notre star verte aux épines acérées fait aussi la une des magazines féminins pour ses propriétés minceur. En fait, ses fibres ont une capacité absorbante hors du commun : au contact de l'eau puis des muqueuses de l'estomac, le nopal se transforme en gomme gélatineuse et crée une sorte de membrane qui emprisonne les graisses et les sucres rapides. Abracadabra.

Les braises sont allumées. Le barbecue fume. Ambre attrape deux oreilles de nopal et les dépose sur la grille. Le déjeuner sera exotique : notre menu, steak de cactus, est un classique pour certaines tribus amérindiennes. Après quelques minutes de cuisson, la grille a quadrillé la peau du nopal, c'est prêt. Messieurs-dames, bon appétit. Je me lance. Je découpe soigneusement mon steak végétal. Un mince filet de glue dégouline. Je mastique une première bouchée tiède : le goût est plutôt agréable et peu prononcé. Et puis, comme c'est bon pour la santé et qu'en plus, c'est gratuit, on ne se pose pas trop de questions ; j'engloutis cette nourriture du futur jusqu'à satiété. Me voilà repue. C'est décidé, je vais en planter chez moi, pourquoi se priver ? Le nopal ne remplacera jamais les belles charolaises de chez François, mais il a le mérite de pousser tout seul, sans avoir besoin de soin ni de nourriture. Alors en cas de pénurie, je ne mourrai pas de faim !

–Jour 175–

Le printemps arrive, et chaque jour la végétation devient un peu plus luxuriante que la veille. Notre petit gîte fait face au soleil levant, qui apparaît derrière la montagne à l'heure où nous sortons prendre notre petit déjeuner.

Entre plantation, désherbage, semis, et surtout avec la diversité des variétés cultivées par Raphaël, les journées ne se ressemblent pas. Chaque jour, nous travaillons une plante différente, dont l'histoire est le résultat de multiples voyages et pérégrinations. Ici, rien n'est anodin. Et la routine n'existe pas.

*

Notre gros chantier depuis quelques jours consiste à préparer les parcelles pour y semer du cannabidiol, le fameux CBD. C'est la plante chérie de Raphaël, une sorte de cannabis sans THC, donc sans substance provoquant l'effet "défonce". Ou presque… en réalité, il reste toujours un petit résidu du constituant psychoactif. Raphaël tenait à nous faire découvrir les bienfaits de sa plante adorée. Un soir, il nous a concocté un succulent dessert : une crème de CBD surmontée de son asimine, un fruit proche de la mangue. Et soit il a eu la main lourde ce jour-là, soit il y a plus de THC dans ses plantes que ce qu'il ne prétend… quoi qu'il en soit, son dessert était aussi délicieux que grisant ! Nous avons fini la soirée pliées de rire autour d'une guitare et d'une Babeth devenue rock star, elle qui n'avait pas touché les cordes d'un instrument depuis trente ans. Son visage s'illuminait, chanson après chanson :

"Il s'appelait Stewball.
C'était un cheval blanc.
Il était mon idole
Et moi, j'avais dix ans."

Prises dans ce rythme effréné, nous avons voyagé dans le temps, nos mains battant la cadence d'une soirée mémorable et rieuse, avec un couple hors du commun.

Toujours tester son produit : l'expérience a donné un vrai sens à notre activité. Le CBD a de réels bienfaits relaxants, contre les rhumatismes, les douleurs, le stress. Raphaël a l'ambition de pousser ses recherches pour en faire un véritable "alicament". Pour l'heure, il n'est ni interdit, ni autorisé, et la zone d'ombre juridique ouvre la voie aux acteurs qui comme lui voient le potentiel de la plante. Pour combien de temps encore ?

*

Il faut faire disparaître toutes les pierres, pour préparer un bon tapis mœlleux. À l'heure actuelle, le champ ressemble davantage à un terrain vague, plein de cailloux et de blocs de terre difformes. Ambre manie la bêche comme un vrai mineur. Je la suis avec le râteau pour lisser, puis nous échangeons les rôles. La sueur qui coule de nos fronts est la première irrigation de ce sol neuf, tout juste remué. Nous n'avons pas la tâche facile : tout est fait à la main, et le terrain est naturellement pauvre. Les cultures précédentes ont laissé des ressources inégales : sur la dernière parcelle, plus meuble, Raphaël avait cultivé du lupin, qui a extrêmement bien restructuré le sol, mais sur les autres, nous nous arrachons les cheveux, ou plutôt la peau des mains. Il faut décompacter, homogénéiser, aplanir cette parcelle à la terre sèche, lourde et dense. Raphaël a décidé de semer les graines de chanvre directement dans son champ, il faut donc préparer un environnement hospitalier.

Le soleil est désormais au zénith, on commence à voir le bout du chantier. La plantation de cannabinoïdes peut enfin commencer. Chaque graine coûte dix euros, alors il n'est pas question de les semer à la volée. Je dépose un par un chaque petit trésor dans un sillon précautionneusement tracé.

En plein milieu du chantier, Greg nous souffle : « hey les filles, n'oubliez pas d'admirer quand même ! » Ici on travaille à la cool, chacun à son rythme, le boulot sera fait quand il sera fait, nous explique-t-il le coude appuyé contre sa pelle, cigarette au coin des lèvres. Alors nous nous appliquons, tous les cinq coups de pioche, à lever la tête, regarder ces montagnes qui nous entourent, ce ciel bleu profond, à écouter les bruits des insectes et du vent qui, descendant du plateau du Larzac, vient s'engouffrer entre les bruyères et les oliviers. Aux pieds de ces grandes parois rocheuses que sont les contreforts du Larzac, le temps s'écoule différemment.

Chaque jour que nous passons à Saint-Privat, nous réalisons la chance que nous avons de travailler dans ce cadre véritablement enchanteur. C'est-à-dire la chance que nous avons que Raphaël nous ait ouvert ses portes pour trois semaines, lui qui manque déjà cruellement de temps, et n'en prend plus du tout pour « former » des stagiaires. Notre carte de « reporter » nous aura bien aidées. Cette générosité, ce temps donné, nous pousse à prendre encore plus à cœur notre rôle de transmission de tout ce savoir, par notre reportage.

*

Un jour, lasse de regarder ces falaises sans jamais avoir mis le pied sur leur sommet, j'enfile mes baskets et pars, malgré l'heure tardive, à travers les Salces et les montagnes qui les surplombent. Je n'ai aucune idée du temps que je vais mettre, ni si j'arriverai avant la nuit. Je fonce entre des pics de plus en plus arides, sans végétation. Je fais la course avec le soleil qui descend derrière la montagne plus vite que je ne monte. Et miracle, une fois arrivée au-dessus des éperons rocheux, j'ai rattrapé le soleil, qui éclate, sur le point de se cacher définitivement, déposant un voile rosé sur tout le paysage qui s'ouvre à moi comme un tableau romantique. La vue depuis le Pas de l'Azé est magnifique : les collines de l'Hérault se dévoilent les unes derrière les autres dans des teintes vert sapin. Raphaël m'expliquera le lendemain que c'était la route empruntée par les Romains.

Chapitre Neuf
La ferme des Cabrotins – Chez Émilie et Aurélien – Jura

Innovation fromagère sans limite sur une ferme diversifiée et harmonieuse.

–Jour 184–

Une caravane, rustique, entourée de chèvres, poules, cochons et des moutons du voisin, trône seule au milieu d'un champ : c'est notre nouveau chez-nous. Nous sommes le quatrième cheptel, dans notre petite cabane sur roues. Nous n'avons pas d'accès à l'eau, l'isolation laisse franchement à désirer... Bref, c'est une immersion totale, comme on les aime.

L'ambiance d'arrivée est folklorique. « Vous n'êtes pas vegan, j'espère » lance Aurélien avec son franc parler et un accent typiquement jurassien. Il porte des lunettes de soleil aux verres colorés et une barbe de trois jours. Sa femme, Émilie, revêt un jogging trop grand pour elle. Son sourire laisse apparaître deux dents métalliques, et son regard doux, surmonté de fins sourcils, révèle une gentillesse naturelle. Elle tient dans ses bras Marielou, un petit bébé âgé de 13 mois. Elle a les mêmes yeux que sa mère. Ses frères gambadent autour d'elles : Raphaël, âgé de trois ans, joue avec les chevreaux, sous la surveillance attentive de son frère, Nathanaël, de sept ans son aîné, qui le relève quand il trébuche.

Une rapide visite nous permet de dresser le tableau de la ferme : 250 chèvres, 15 cochons, et 150 poules pondeuses sont nos nouveaux colocataires.

À table, le couple nous demande : « Heuuu… mais pourquoi nous ? Pourquoi vous venez nous voir nous ? » Leur regard est rempli d'humilité et de candeur. La réponse nous paraît si évidente. Ils nous intéressent. Leur ferme est atypique. Ils sont diversifiés, transforment, vendent en direct. Ils sont jeunes. Ils ont l'air cool. Et puis après tout : « pourquoi pas ? »

–Jour 185–

Réveil à cinq heure quinze. La nuit fut froide. Nous enfilons une charlotte, elle nous avait presque manqué ! Des tomes, de la feta, des petits frais, des bûches : ce matin, un large éventail de fromages voit le jour, entièrement fait à base de lait de chèvre. Je plonge mes mains dans le bain de fromage fermenté. Température jacuzzi. Pliée au-dessus de la cuve, je brasse et je brasse afin de créer des petites billes de fromage.

La transformation, c'est le petit dada d'Aurélien. Diplômé de chimie, les expériences culinaires et les processus de fermentation le fascinent. Mais la transfo', c'est plus qu'une passion, c'est une obligation pour la ferme. En effet, le marché et les débouchés du lait de chèvre sont faibles, la répartition des laiteries est inégale selon les régions. Au centre du Jura, il n'y a pas de collecte de lait de chèvre. Aurélien est donc un peu obligé de transformer lui-même son lait.

*

Pour la première traite, Marie, stagiaire d'Agro Paris Tech en immersion, nous initie. Les chèvres défilent sur le pont en bois, on branche la trayeuse, on débranche manuellement. Aux suivantes !

*

Menu du dîner : tartiflette au reblochon – de chèvre, évidemment.

–Jour 186–

Cinq heures quinze, toujours. Ce matin, c'est Claire, une employée de la ferme, qui nous accompagne pour la traite.

L'élevage de cochons est un atelier complémentaire de celui des chèvres. Ils permettent de valoriser ce qu'on appelle communément le "petit lait". Il s'agit en fait du lactosérum, un résidu de la transformation du lait en fromage. Composé à 94% d'eau, il est sucré et riche en protéines. Et les cochons en raffolent.

Aujourd'hui, c'est David contre Goliath. Enfin, il y a même quatre Davids. C'est nous. Goliath, c'est une belle truie de 130 kilos. Futée, elle semble avoir compris le destin qui lui est réservé si elle franchit le seuil de ce camion. À vrai dire, si elle est si lourde, c'est que cela fait deux semaines qu'elle aurait dû monter dans ce camion. Mais les échecs se sont accumulés. Nos hôtes nous attendaient pour renforcer l'équipe. Je suis impressionnée par cette truie vaillante, dont l'attitude traduit l'intelligence. À quatre contre un, elle nous domine. La force de son groin est colossale. Elle soulève les barrières opaques que nous portons pour la diriger. Elle charge, se débat, s'obstine, et manque de me renverser. Je l'esquive de peu en montant sur la palissade. Je comprends mieux l'expression "tête de cochon" – dont on me gratifie souvent. Entêtée, bornée, comme cette truie. Le match dure trois heures. Avec deux mi-temps et quelques changements de joueurs, mais sans arbitre.

*

Ce soir c'est la BOOOM. AC/DC retentit à fond la caisse dans toute la maison. Marielou, du haut de ses 13 mois, bouge en rythme et tente même une petite danse suggestive. C'est bien la fille de son père.

–Jour 188–

À nouveau, nous « bondissons » du lit à cinq heure trente. Bondissons, c'est une façon de parler : nous peinons à sortir rien que le nez de notre sac de couchage prévu pour moins dix degrés, car le froid de la nuit s'est invité dans le bungalow et compte y rester jusqu'au premier rayon du soleil. Direction la fromagerie, pour les tâches quotidiennes que nous commençons à nous approprier : démoulage, préparation de commandes, moulage, salage, brassage de lait caillé, pressage de futures tommes… Après quatre heures d'ouvrage, les fromages sont prêts à partir à l'affinage, ou alors directement au marché. De notre côté, la sieste nous appelle.

Difficile de s'acclimater à ce rythme infernal, surtout à celui d'Émilie et Aurélien, qui n'arrêtent jamais. La première tentative de sieste est interrompue par les cris stridents d'Émilie dans la cour, qui emmène le troupeau pâturer. Je suis happée par le spectacle, enfile mes bottes et accompagne jusqu'au bois le troupeau qui transhume dans la joyeuse cacophonie des cloches. À peine rentrée, je lance la deuxième tentative.... Mais c'est sans compter sur le SMS d'Aurélien. « Fiesta les filles ?? » Comment refuser ? Bon, ce n'est pas une invitation à l'apéro mais à la confection de feta, qu'on appelle ici la fiesta. C'est donc reparti pour un round fromagerie.

*

Nous emmagasinons les derniers petits conseils de traite afin d'être prêtes à nous en occuper en autonomie dès ce week-end. Aurélien nous laisse un peu seules, et dès l'entrée des premières chèvres, c'est la débâcle : Églantine ne veut pas se placer au bon cornadis, Pistache ne daigne pas mettre la tête du bon côté, Dragibus, qui est toute petite, n'atteint pas sa gamelle... Ambre s'élance après Cacahuète qui s'est lancée dans un saut de l'ange depuis le pont de traite. On ne sait plus où donner de la tête. Elles nous rendent complètement chèvres.

Après ces quelques jours, Marielou accepte enfin de nous faire des câlins sans broncher... nous faisons officiellement partie de la famille !

–Jour 189–

Traite du matin et traite du soir : les deux sessions nous sont confiées, pour notre premier jour 100% en autonomie ! Après une nouvelle lutte homérique avec les chèvres, le verdict tombe. Durée de cette première traite : quatre heures. C'est long, mais on se rassure comme on peut : la session du matin est toujours la plus prenante, car après une longue nuit, les mamelles sont plus remplies que le soir.

Après chaque traite, une adorable récompense nous attend. Chaque séance se termine par le moment des biberons pour les chevreaux orphelins, qui nous attendent de pied ferme. Impatients, ils s'agrippent aux poches de nos pantalons et commencent déjà à téter. Je me dois d'être honnête, dans cette petite troupe, j'ai mon petit chouchou. Je l'ai appelé Roucky, et j'avoue que je ne suis pas allée chercher très loin : il est tout simplement roux. Encore tout frêle, il a perdu sa maman à la suite de la mise bas. Tous les deux, nous partons faire une sieste au soleil afin de recharger les batteries. Roucky se love dans le repli de mes jambes. Rapidement, Morphée nous ouvre les bras.

*

Je viens de retirer mon premier cadavre de la bergerie. Je suis fière d'avoir pu passer ce cap. Est-ce là la vraie première étape pour devenir éleveuse ? Ce n'est pas facile d'être confrontée quotidiennement à la mort, mais d'un autre côté, on a la chance d'assister à la vie, et de s'en émerveiller. Justement, un petit vient aussi de naître, il est en pleine forme et sa mère aussi.

La mort, en ce moment, se fait tout de même plus fréquente que d'habitude. Nous vivons "une mauvaise vague", explique Aurélien en se grattant le derrière de la tête. On ne sait pas trop pourquoi, mais des chèvres nous quittent presque tous les jours. Émilie et Aurélien sont inquiets. Ils sont en train de tenter d'en sauver une qui bat de l'aile. Ils lui apportent des soins, Émilie tente même de lui prodiguer une séance de Reiki, cette médecine énergétique d'origine japonaise. Elle lui envoie toutes ses bonnes ondes. Mais la chèvre ne rumine plus, son estomac est noué ; le lendemain, elle est morte.

Il en est de même pour le petit chevreau noir dont je tiens les pattes arrière dans ma main droite. Son corps chétif gît, inanimé. Nous l'avons pourtant fait téter, nous l'avons réchauffé, chouchouté. Mais le verdict est le même que pour les autres : la vie était un trop gros défi pour lui. Je dépose le cadavre à la sortie de la bergerie. Accepter la mort est la condition pour laisser place à la vie. Ce n'est pas facile pour nous, qui vivons dans un univers ultra-médicalisé qui fait tout pour nous éviter le contact avec la mort. Cette vie plus proche de la nature nous rappelle que dans le monde animal, le taux de mortalité est souvent plus élevé que chez les humains du monde développé au XXIe siècle. Par exemple pour les chèvres, entre 15% et 35% des bébés n'atteignent pas l'âge adulte, et le risque de mortalité est encore plus élevé pour un orphelin.

*

Après-midi off! Ouf. Le programme est alléchant: pique-nique au Lac de Chalain, balade dans les sept cascades du Hérisson. La nature nous aère l'esprit. Sa splendeur apaise et repose. Édouard nous passe un petit coup de fil amical; cela commençait à faire longtemps que nous n'avions pas eu de nouvelles de lui.

*

Ce soir, on voit enfin les étoiles, le ciel est dégagé. Nous fermons le poulailler et nous glissons dans nos sacs de couchage. Il fait doux dans la caravane.

–Jour 191–

Réveil martial, cinq heures trente toujours, chef. Météo? Il pleut! Fromagerie: on démoule, on moule, on presse, on démoule!

On fait copain-copine avec l'équarrisseur, venu chercher les bêtes trépassées. Il fait le tour d'une dizaine de fermes pour ramasser les cadavres d'animaux: chevaux, vaches, chèvres… Ils finiront apparemment en combustibles dans les usines et les cimenteries, en biodiesel dans nos réservoirs, en croquettes pour chiens, détergents, peinture, engrais… Drôle de métier tout de même. Malheureusement, nous le reverrons un peu trop souvent.

–Jour 196–

Les journées à la ferme de Cabrotins sont denses. Elles s'enchaînent selon le même rythme routinier, mais ne laissent pas le temps de s'ennuyer: réveil, traite, biberons, fromagerie, livraisons, marché, traite… La fatigue n'occulte pas la satisfaction.

Aujourd'hui, une petite distraction stimulante marque la journée : un nouveau record pour la ferme ! Nous venons d'exploser le compteur : 448 litres de lait produits au total.

Des visiteurs ont installé leur camping-car à côté de “chez nous”. Ils viennent nous observer à la fin de la traite, pile au moment où les doyennes du troupeau passent sur le pont. De fait, elles sont vieilles, maigres et pas très jolies. Elles sont âgées, cela nous arrivera aussi un jour. Alors que beaucoup d'élevages choisissent de se séparer des chèvres de plus de 5 ans – car moins productives – Aurélien, lui, fait le choix de les accompagner jusqu'à leur dernier jour. Les visiteurs font des remarques désobligeantes : « elles n'ont pas envie d'y aller », « oh, elles sont maigres », « oh, elles n'ont pas l'air bien ». Je ne suis pas grossière, d'habitude, mais je mourrais d'envie de leur lâcher « mais ferme ta gueule ! » J'ai envie de les insulter. La fatigue n'aide pas à calmer ma rage. Ils n'ont qu'à venir traire demain à 5h30 s'ils aiment critiquer. Je me sens tout simplement affectée, susceptible et touchée par leurs remarques. Ils sont en train de critiquer mes chèvres, mon troupeau, mon travail.

–Jour 197–

Marielou ne quitte plus mes bras, je suis définitivement adoptée.

Dans l'enchaînement répétitif du quotidien, je perds un peu la notion du temps. Parfois, en émergeant d'un petit somme l'après-midi, je ne saurais dire si c'est une nouvelle journée qui commence ou un simple réveil de sieste. La fatigue commence vraiment à se faire sentir, entre les nuits courtes et l'élevage sept jours sur sept.

L'enregistrement du podcast est à l'image de notre immersion, chaotique, imprévu et amusant. Cette fois-ci, le temps que nous installions le matériel dans la grange, une chèvre est passée et a mangé le micro-cravate. Malgré l'embarras de la situation, je ne peux retenir l'explosion d'un fou rire qui entraîne Ambre à son tour. “Abort Mission”. Enregistrement reporté.

Nous avions prévu de faire un tour de France des fermes, car le sujet agricole nous bottait. Mais nous n'avions pas tellement pris conscience du fait que c'est l'une des seules professions où le lieu de vie est le même que le lieu de travail : onze fermes, c'est donc presque autant de familles dans lesquelles s'intégrer. Quelle chance de pouvoir partager le quotidien de dix logis différents, de découvrir les habitudes de chacun, de discuter éducation, bébé, projet de vie, relation dans un couple… C'est comme si notre prisme de lecture de ce que représente une famille s'était d'un coup élargi, non plus réduit à nos propres exemples, à l'éducation que nous avons reçue ou celle de nos amis. Nous ouvrons l'arc-en-ciel du champ des possibles avec joie et curiosité.

Nous savons cependant que nous n'en sommes pas des membres à part entière : il serait déplacé de notre part de venir mettre notre grain de sel dans l'éducation des enfants, par exemple. Ce soir justement, alors que nous allions passer à table, Raphaël me tend un Kinder et me demande de l'ouvrir. Je m'empresse de lui expliquer que ce n'est pas le bon moment car des bonnes choses arrivent pour le dîner. Mais, en fait, pour qui je me prends ? C'est ce qu'on m'a répété quand j'étais plus jeune, mais est-ce ma place de faire cette même remarque à un enfant qui n'est pas le mien ?

–Jour 199–

Roucky est mort. Il est mort pendant la traite. Je suis revenue et j'ai trouvé son corps raide et encore tiède. Je l'ai porté jusqu'à Ambre. J'ai versé quelques larmes. Je n'ai pas eu la force de le déposer sur le tas de cadavres, ni de le voir partir dans la pince du camion d'équarrissage. Je suis allée l'enterrer dans la forêt, sous un chêne. J'ai déposé une croix. Par habitude.

À l'âge de sept ans, j'avais recueilli un moineau dans le caniveau près de chez mes grands-parents. J'avais tenté de le nourrir et de le soigner. Je l'avais appelé Plumeau. Il est mort quelques jours après. Nous l'avons enterré sous le saule pleureur du jardin et nous avons mis une croix. C'était peut-être une bonne invention de mon grand-père pour m'occuper tout un après-midi. Toutefois, instinctivement, ça m'est revenu pour Roucky.

Soirée télé en famille. Tous avachis, paquets de bonbons éventrés sur les genoux, nous nous laissons happer par l'émission *Mariés au premier regard.*

Marielou sent que c'est notre dernier soir. Elle redouble d'affection et nous raccompagne à la porte en chancelant, sur ses petits pieds malhabiles.

– Jour 200 –

L'heure du départ a sonné. Nous repartons avec notre poids en fromage. Émilie nous offre la première chaussure de Marielou nouée à un ruban rose pour que nous l'attachions au rétroviseur interne de la voiture. « Comme ça, elle parcourra la France avec vous ! »

Le moteur de la voiture démarre. Les larmes remplissent les yeux du couple jurassien. Le klaxon retentit et par la fenêtre, nous disons adieu d'un signe de la main.

La sobriété heureuse

Pour chaque immersion, nous nous sommes fixées le même principe : être nourries et logées, en échange d'offrir autant que possible notre aide à la ferme. Nous l'avons tant de fois répété pour nous présenter, nous ne voulons pas y déroger. Nous accordons beaucoup d'importance au partage des repas, des réveils, de la cuisine, des vaisselles, des soirées... C'est au cours de ces moments du quotidien que nous apprenons à vraiment connaître nos hôtes, ce qui les anime, ce qu'ils aiment, ce qui les stresse, ce qu'ils redoutent, ce pourquoi ils partagent ces instants avec nous.

Quelle drôle de sensation de ne rien maîtriser, ni l'heure ni le menu de nos repas, de se laisser guider pendant une année entière... Parfois, nous mangeons très copieusement, des plats gargantuesques à tous les repas. D'autres fois, les agapes sont plus frugales, les horaires plus incongrus. On ne cesse de le répéter : « on est flexibles ! » Surtout, nous apprécions toujours les repas offerts et partagés.

Les seuls qui se plaignent de tous ces changements, ce sont nos pantalons. Eux sont plus capricieux. Chez les Follet, au cours d'un jeu avec les filles, mon jean a craqué sur toute la fesse arrière droite. La bonne nouvelle, c'est que nous avions décidé de "voyager léger" (ce qui fait d'ailleurs beaucoup rire nos proches à la vue de notre voiture encombrée) : je n'avais donc emporté qu'un seul jean.

Chapitre Dix
ESAT de la Haute Lande – Avec l'équipe de travailleurs – Landes

L'agriculture est inclusive.

– Jour 201 –

Un panneau encadré en rouge affiche "Établissement d'Aide et de Service par le Travail" : nous sommes arrivées à l'ESAT de Captieux.

Un plateau repas nous attend au self. Une dame de petite taille aux cheveux blonds décolorés nous sourit.

Alors qu'Ambre s'apprête à engloutir une grosse cuillère de purée, un homme en costard s'assied à notre table. C'est Félix, le directeur de l'ESAT. Saluer en souriant la bouche pleine n'est pas un exercice des plus aisés.

L'ESAT de la Haute Lande est un lieu de travail et de vie pour des personnes en situation de handicap, principalement psychique. Aussi, adossé à l'établissement, un foyer d'hébergement accueille sur le site la majorité des travailleurs. L'objectif de l'ESAT est de proposer une variété d'activités économiques et professionnelles où chacun peut trouver sa place, progresser et s'épanouir, en choisissant son atelier. Il y a ainsi un service de blanchisserie, une conserverie, un atelier cuisine, un autre d'entretien des espaces verts… sans oublier un élevage de vaches allaitantes et une parcelle de maraîchage bio ! Malgré les apparences, nous sommes bien dans une ferme : le troupeau de 200 bazadaises, race emblématique de la région, fait même la fierté de l'équipe. Quant aux trois hectares de cultures biologiques, ils font le bonheur des habitants des alentours.

Félix est ingénieur agronome de formation, récemment promu au poste de directeur de l'ESAT. Très réceptif et sensible à notre démarche, il souhaite connaître notre vision, recueillir nos retours d'expérience sur ce que nous allons vivre, nos idées, nos suggestions. Le quadragénaire landais déborde d'ambitions et de projets pour son établissement. Il est curieux de découvrir toutes les innovations que nous avons découvertes pour s'en inspirer. Pour notre plus grand honneur, nous sommes immédiatement intégrées dans la raison d'être du lieu.

Une grande maison landaise au cœur du parc sera notre logis pour deux semaines. Nous aussi, nous serons résidentes de l'ESAT, en pension complète.

–Jour 203–

À sept heures et demie se tient la première réunion d'équipe. Les quinze travailleurs, café en main, se tournent vers les moniteurs, Patricia, Thomas et Bruno. « Bienvenue à nos travailleuses-journalistes ! Elles rejoignent l'équipe pour deux semaines. On compte sur vous pour les former. »

*

Deux veaux doivent être bouclés. Né à la lettre S, impossible de résister à baptiser le petit mâle Surlechamp. Quel beau prénom !

*

Les travailleurs gardent la pêche malgré la chaleur. Il faut dire que dans la serre, on avoisine les 43 degrés. Les tâches sont variées et s'enchaînent sans relâche. Nous commençons par nous occuper de préparer les enrouleurs pour les tomates : chacun à son poste, les plus acrobates montent sur les escabeaux tandis que le reste de l'équipe démêle les fils. Ensuite, nous nous attaquons aux semis de betteraves, puis vient la préparation des commandes. Enfin, il nous faut dételer le tracteur. Kevin, 20 ans et dernier arrivé en date, manie les outils avec brio : il s'en sort en un claquement de doigts.

Après une journée de travail, nous n'avons pas le sentiment d'être dans une ferme pas comme les autres. Ici, on bosse, en équipe. Le travail est bien réalisé, les journées sont chargées et efficaces. Pourtant, chacun est là pour une bonne raison. Il existe une palette de pathologies. Et beaucoup de travailleurs manquent de confiance en eux. En fait, à quelques exceptions près, tous les maraîchers-éleveurs de l'atelier, avaient, avant, une vie "normale", des enfants, une femme, un travail. Puis un jour, tout s'est écroulé. La cause? Le décès d'un proche, un accident, un burn out, une dépression. Ils ont "décompensé", perdu certaines facultés, voire leur autonomie. Augustin était expert-comptable, Robert mécanicien et Lucie institutrice.

–Jour 204–

Plantation de tomates en extérieur, désherbage des carottes.

–Jour 205–

Tout le monde s'attelle à la récolte du matin: 408 salades, pour la Coop Pays Landais. Avec Ambre, nous volons de nos propres ailes. Les moniteurs nous laissent faire partie intégrante de l'équipe de travailleurs, sans distinction. Après tout, peut-être sommes-nous à notre place, nous aussi ? Nous montons à bord de la camionnette conduite par Augustin, direction les pâtures pour nourrir les vaches. Greg et Jérémy nous montrent leurs astuces pour le maniement des seaux de grain. Les grosses bazadaises sont douces avec eux. Leurs cornes ne sont pas à craindre. Avec un grand sourire, Thibault nous montre ses progrès: il caresse le taureau sans peur, alors qu'il pouvait à peine approcher une vache à ses débuts, il y a deux ans. Matthias explique à quel point il est fier d'être éleveur, et que sa maman aussi, est très fière de lui.

*

Il faut à présent rentrer le troupeau à l'étable pour trier les vaches et en charger trois dans la bétaillère. Ils ont besoin d'un peu de parage – manucure pour bovin – afin d'entretenir leurs sabots. Sept veaux s'en vont aussi: ils viennent d'être vendus à un éleveur de la région.

Nous organisons un ciné-goûter avec les travailleurs, pour leur montrer l'esprit de nos épisodes de Sur le Champ. Gâteau au chocolat, tarte, sirop, et c'est parti ! Les commentaires sont généralement très positifs : « c'est vraiment super ce que vous faites ». Lucie vient me chuchoter à l'oreille. Elle me souffle que cela lui fera très plaisir de pouvoir partager son quotidien en image auprès de sa famille. Pour leur montrer qu'eux aussi, sont utiles à la société.

–Jour 210–

Nous partons au marché avec Jérôme et Augustin, ce qui nous laisse une belle occasion de papoter. Nos deux compagnons nous forment à l'utilisation de la balance ; nous sommes dès lors prêtes à encaisser nos premiers clients ! Les habitués se pressent devant le comptoir. L'étal fait des heureux. Une dame dit retrouver l'odeur des légumes de sa grand-mère. On sourit tous les quatre. Dans la chaleur, les travailleurs restent debout et prennent leur mission à cœur. Chaque vente compte, et génère satisfaction. « Oui oui, c'est nous qui les produisons » confirment-ils en chœur. Bilan du marché : 150 euros. Bien joué les gars !

*

Nous rentrons passer l'après-midi à la plantation d'aubergines. On y travaille à la chaîne.

Le cours de conduite qui suit est plus folklorique : nous devons épandre de l'engrais avec le tracteur, mais commençons par écraser malencontreusement quelques plants de maïs.

–Jour 211–

La variété des légumes occasionne nécessairement la diversité des tâches : dans la même journée, nous plantons des courgettes, désherbons les parcelles de potimarrons, récoltons des patates, des fèves, des betteraves… Sans compter la préparation des paniers.

Notre ESAT date de 1984. Au départ, il fut créé par une association interdépartementale, qui avait comme projet de s'adresser à des personnes avec un handicap psychique, mais dans une logique de désinstitutionnalisation de la prise en charge psychiatrique, une question toujours très actuelle. Le mot de désinstitutionnalisation peut prêter à confusion. Il ne s'agit pas d'un arrêt de la prise en charge, mais bien au contraire d'un changement profond de méthode et la fin des établissements traditionnels au profit d'autres structures[1]. Mais il avait aussi une deuxième particularité : appuyer l'insertion professionnelle de ces personnes sur une activité agricole. L'agriculture comme support pédagogique et thérapeutique ?

Devenir agriculteur, c'est travailler le paysage, se connecter à la nature, observer ce qui nous entoure, être en lien avec des fournisseurs, des clients, avec la population locale, les voisins. C'est aussi savoir communiquer avec le vivant, avec l'animal, celui qui ne parle pas avec des mots, celui dont le comportement peut être imprévisible, dont les volontés sont implicites. Celui dont la confiance s'acquiert et se mérite. Celui qui sent les humeurs de l'autre, et qui ne reconnaît pas les barrières entre les Hommes. Enfin, celui dont l'affection peut être curative.

Comme le souligne Félix : « il n'y a pas beaucoup d'art, au sens ancien du terme, en France, qui ait été aussi structurant que l'agriculture. Du coup, s'appuyer sur un tel support pour travailler à l'inclusion sociale, c'est extrêmement percutant ».

*

J'aime bien parler des personnes en les appelant par leur prénom. C'est plus simple et ça évite de vexer. Les maraîchers-éleveurs de l'atelier sont des "usagers" d'un établissement médico-social, ils ne sont pas salariés et donc n'ont pas de contrat de travail. Ils ont un contrat d'aide et de soutien par le travail, qui est hors du Code du travail. Mais je n'aime pas ce terme d'"usagers". On croirait qu'ils utilisent, qu'ils usent de, qu'ils profitent plus qu'ils ne donnent. C'est faux. Eux aussi, ils nous nourrissent. Ils ont fièrement rejoint le rang des héros qui garnissent nos assiettes.

En 1924, des lois ont été créées pour favoriser l'embauche de travailleurs handicapés. Ils représentaient alors 10% de la masse salariale d'une entreprise. Aujourd'hui, c'est seulement 6%. La question de leur rémunération a naturellement émergé : faut-il les payer au même titre qu'un travailleur "ordinaire" ? Ou est-il judicieux de calquer le salaire sur la "rentabilité", la "capacité", l'"efficacité" du travailleur ? Et c'est une question d'ampleur. Aujourd'hui, 7% de la société est considérée en situation de handicap[2].

*

Autrefois, les ESAT étaient subventionnés par l'État. Ils pouvaient donc se concentrer sur leur mission sociale. De nos jours, on leur fixe des objectifs de rentabilité : les ateliers doivent trouver leur équilibre économique. Une mission sociale contrainte par des objectifs économiques ? Au premier abord, cela peut paraître paradoxal. Toutefois, il n'y a pas forcément de dichotomie. La rentabilité peut aussi être vue comme une garantie de qualité pour le support d'accompagnement, en enseignant aux travailleurs des méthodes efficaces et productives : comment désherber avec ses deux mains, anticiper les récoltes en apportant la brouette dans le champ, prévoir le bon nombre de caisses pour les salades, organiser la veille les seaux pour nourrir les vaches... Toutes ces petites astuces qui permettent aux maraîchers-éleveurs de progresser et de monter en compétence pour, un jour prochain, décrocher un emploi dans une ferme voisine ?

En fait, plus j'y pense, plus je suis convaincue que le travail joue un rôle social, qu'il sert le social. D'abord parce qu'il nous insère au sein d'une équipe. On appartient à un groupe. Et le simple fait d'être unis par ce lien tacite, immatériel mais prégnant, du partage du travail, nous ancre dans une forme de socialisation et de solidarité.

Mais Félix ne veut pas se contenter uniquement des bienfaits du travail sur les résidents : « notre réponse médico-sociale est de qualité, mais elle est toujours insuffisante. On ne peut pas être satisfait tant que tous les possibles n'ont pas été réalisés, au moins envisagés. Il va falloir changer, se réinventer ».

L'atelier agricole de l'ESAT est ambitieux. Il n'y a pas moins de 180 hectares de terre mis à disposition de l'ESAT pour le pâturage et l'alimentation du bétail, auxquels s'ajoutent 2,5 hectares d'asperges et 3,5 hectares de maraîchage bio.

L'élevage de vaches Bazadaises est un choix stratégique pour l'établissement. C'est aussi une grande passion pour Thomas, moniteur de l'atelier. Ici, au cœur des Landes, on se situe dans le berceau de la race. C'est une petite race à viande dont la popularité grimpe en flèche, car elle est facile à élever, vêle sans difficulté et s'adapte à tout type de relief. Elle reste toutefois encore peu répandue. C'est pourquoi des éleveurs parcourent parfois la France entière pour venir chercher des veaux, chez nous, à Captieux.

*

Changement d'humeur, crise, colère, stress, panique. À chaque jour sa couleur. Parfois tout est rose, l'équipe est au top et dépote. Parfois, un petit grain de sable dans l'engrenage vient bouleverser l'équilibre fragile et tout explose. Comme l'explique Bruno, « c'est une remise en question au quotidien ». Ces moniteurs-agriculteurs, je les admire. Ils sont fantastiques. Leur passion est communicative. J'aimerais tant que leur patience le soit tout autant.

Heureusement, ici, la terre que nous chérissons nous rend bien plus que des légumes. Sa fertilité offre à tous un lieu d'expression, de progression, de confiance et de reconnaissance. Les fruits que les travailleurs handicapés récoltent de leur travail sont innombrables et inestimables : ils hument l'épanouissement personnel et goûtent la responsabilisation du monde professionnel.

*

Ce soir, on commence les foins, c'est l'ouverture de la saison ! L'odeur de la pâture fraîche, le bruit de la faneuse, la fine poussière dans l'air… Nous y sommes enfin, nous "faisons les foins". Cet instant tant attendu réjouit toute l'équipe. C'est un moment clé, incontournable, et délicat dans l'année d'un éleveur, car le fanage va nourrir le troupeau le reste de l'année. La fenêtre météo est épiée, et ne doit pas être ratée.

*

La parcelle est enfin finie. Quel bonheur de sentir l'odeur de l'herbe fraîche, tout juste fauchée et prête à être fanée ! On sort les bières fraîches de la glacière. J'admire le travail accompli et le sourire qui se dessine sur les lèvres des moniteurs.

–Jour 214–

Dernier point d'équipe, dernier café. Nous arrivons avec une petite surprise pour cet ultime rendez-vous. Ambre porte un petit paquet à la main, des petits choux remplis de crème pâtissière. C'est la spécialité de la ville de Captieux : on appelle ça le Puits d'Amour. Qu'aurait-on pu trouver de mieux pour décrire les travailleurs que nous avons côtoyés ici ? De véritables puits d'amour. Pour leur métier, qui les rend si fiers, pour les animaux, dont ils prennent soin, et pour leurs proches, un amour inconditionnel. Nous y avons puisé tant d'enseignements, de rires, et d'inspiration.

Notre surprise fait son effet. On se régale dans une ambiance joyeuse et festive. Eux aussi nous ont préparé quelque chose. Un grand paquet rempli de produits de la ferme nous attend, avec pâtés, terrines, foies gras. Mais aussi une chemise grise du Concours Bazadaise et enfin, un magnifique bouquet de fleurs tendu par Michel.

Notes

1. https://www.enfant-different.org/services-et-etablissements/desinstitutionalisation

2. De la population totale des 17-64 ans en 2022. Source : https://www.agefiph.fr/sites/default/files/medias/fichiers/2022-10/Agefiph_emploi-et-chomage-PSH_Infographie_-2022-10.pdf

Chapitre Onze
La Bergerie de Coucourde – Chez Olivier & Floé – Hautes-Alpes

Voyage en transhumance, entre tradition et modernité.

–Jour 220–

Pour notre dernière étape, nous lançons le bouquet final, avec pour objectif d'en prendre plein les yeux. C'est parti pour la transhumance, aux côtés d'Olivier et de sa fille Floé, âgée de 16 ans. La transhumance, c'est le fait d'emmener paître un troupeau dans une zone où il pourra se nourrir durant la période estivale. Entraînées par les 1 400 brebis et les tintements de leurs sonnailles, nous rejoindrons dans 2 jours le pic de Morgon, dans les Hautes-Alpes, et ferons notre petit nid dans la vieille cabane du berger.

Ce coup-ci, c'est la rétro-innovation qui a piqué notre curiosité ! Comment le métier ancestral de berger se réinvente-t-il et s'adapte-t-il aux nouveaux défis de son écosystème ?

*

Nous installons notre tente dans le parc de la Bergerie. Le gros dîner, bien arrosé au génépi, se poursuit jusqu'à pas d'heure. Olivier confesse : « Floé m'a dit "papa, moi je veux être bergère". Moi, au départ, je n'étais pas super chaud ». Mais elle n'en a pas démordu. Elle tient à réaliser son rêve : devenir à son tour bergère. Elle accompagne son père en transhumance depuis maintenant quatre saisons, se forme, éduque ses chiens et gagne chaque année en autonomie.

Pourrait-on, nous aussi, devenir bergères ? « Bien sûr que c'est possible, accessible, mais ce n'est pas facile, il faut un physique, il faut un moral, il faut beaucoup de courage, et je vous passe le fait de compter ses heures de travail, parce que ça, on n'en parle même plus ».

– Jour 221 –

Nous allons faire nos courses à Embrun pour tenir deux bonnes semaines en montagne, avec un mot d'ordre : l'autonomie. Anticiper au maximum pour ne manquer de rien là-haut.

*

Nous montons dîner tous ensemble dans la cabane d'un jeune berger, Romain. Il commence son estive, tout seul, à 2 000 mètres d'altitude. L'année dernière, il accompagnait encore Olivier, comme aide-berger, mais cette année c'est lui, le berger. On discute beaucoup. Les sujets de conversation sont surprenants : chiens, brebis, chiens, brebis. Les histoires se dissipent vite dans les rires explosifs. La musique est entraînante. Dans cette petite cabane perchée, il fait bon vivre. Même les chiens semblent s'amuser de nos récits.

– Jour 223 –

Préparation de la montée : on charge, on entasse, on empile. Chaque recoin du pick-up est occupé. Les brebis sautent à bord de la bétaillère pour un court trajet jusqu'au pied de la montagne. Elles ne sont pas encore très entraînées à l'effort, alors il est préférable de les ménager avant de gravir la pente qui les attend. Et l'arrivée n'est pas tout près : nous nous rendons à la cabane de Morgon. Tous les amis sont venus aider, un cortège de voitures suit la bétaillère.

À l'arrivée sur le parking, les chiens se mettent au travail pour contenir le troupeau, puis le top départ est donné. Les brebis s'élancent en hordes. Elles grimpent sans savoir où elles vont, mais avec assurance.

Après trois bonnes heures de marche, une plaine se dévoile enfin. La vue sur le lac de Serre-Ponçon est époustouflante. Nous apercevons une cabane se dessiner au loin, sur le pli du col, puis un deuxième petit abri. Cette maisonnette sera notre demeure, la villa de notre liberté.

– Jour 224 –

De ce perchoir situé à 2 000 mètres d'altitude, nous suivons le quotidien d'un binôme de bergers passionnés, de leur troupeau et de leurs chiens assidus et protecteurs. Ici, simplicité, frugalité et authenticité sont les maîtres mots. Le cirque de Morgon nous fait office de salle de bain, de petit coin et même de réserve à champignons. Marmottes, chamois, loups, brebis et randonneurs cohabitent dans ce parc Natura 2000.

*

Derrière ses apparences de grosse et tendre peluche, Arka est un patou, un chien de protection de troupeaux. Elle accompagne le berger et garde les brebis en montagne, de jour comme de nuit, pour éviter l'intrusion du loup. Bien que domestiquée par le berger, elle a grandi au sein du troupeau et dédie sa vie à sa mission de protection. Sa devise : "sauver ou périr". C'est d'ailleurs pour cette raison que le berger lui a offert un beau collier à piques : cet accessoire rock'n roll la protégera si elle vient un jour à affronter physiquement un loup. D'ailleurs, depuis quelques dizaines d'années, les attaques se multiplient lors de l'estive en montagne, dans les Alpes et les Pyrénées. Le physique imposant d'Arka, son tempérament de feu et son intelligence impressionnante font donc d'elle une collègue indispensable pour notre berger. Sa simple présence au sein du troupeau suffit souvent à être dissuasive.

Si l'aide des patous est un moyen de protection efficace, il ne faut pas oublier qu'ils sont d'abord destinés à prévenir l'intrusion de tout corps étranger : c'est pourquoi il est défendu aux randonneurs et cyclistes de traverser les troupeaux, et demandé de les contourner. Ce n'est pas forcément intuitif, pour qui adore caresser la douce laine de ces charmantes et inoffensives brebis, et prendre une belle photo de ce paysage pastoral bucolique, mais respecter ces simples mesures de sécurité permet d'éviter les morsures accidentelles, qui sont un sujet de plus en plus problématique en montagne. Ces accidents entraînent aussi souvent de lourdes procédures judiciaires et d'importants dédommagements financiers de la part du berger.

Pour notre part, nous sommes convaincues qu'un partage de la montagne, entre pastoralisme et tourisme, est possible. Notre expérience au pic de Morgon avec Olivier en est un bel exemple. Reste à chacun d'entre nous de garder en tête que derrière ses airs de nounours, Arka est là pour défendre ce précieux troupeau, trésor des éleveurs de la vallée.

*

Les chiens, joueurs, ont pris la fâcheuse habitude de nous suivre jusqu'au petit coin. Un matin, Om, le gros patou au poil caramel, s'assoit à mes côtés et me regarde avec encouragement. Il guette mon petit cadeau tout frais pour se régaler d'une seule bouchée. Quelle déception dans son regard quand il s'aperçoit qu'il ne s'agit que d'un petit ruisseau. Il me pousse à faire mieux en me donnant un petit coup de tête. Mais aïe ! Ça pique. Les larges pointes de leur collier anti-loup sont bien tranchantes. Elles protègent leur gorge, vulnérable en cas d'un affrontement.

– Jour 225 –

Le réveil sonne à six heures trente. Olivier sirote un café en scrutant des yeux son troupeau encore couché derrière la cabane. « Il y a tellement de choses qui me font me lever le matin, comme tu dis le bruit des sonnailles, la montagne, avec le soleil qui apparaît très tôt, l'odeur du café qui chauffe dans la cabane, tu te lèves au jour, ça c'est extraordinaire, même l'odeur elle me passionne, quand les brebis passent dans l'herbe, que ce soit dans les fleurs, dans le serpolet, il y a du thym, il y a de tout, ça dégage un parfum de laine chaude, la poussière, tout est beau. »

Nos journées sont minutieusement organisées : garde le matin, déjeuner, sieste, garde l'après-midi, dîner, dodo. Une garde, c'est une grande randonnée avec les brebis. On les emmène dans les endroits à pâturer, et elles s'en chargent en avançant. Au total, on marche souvent plus de quinze kilomètres par jour. Olivier et Floé perdent même plus de dix kilos au cours de la saison ! Rares sont les paires de chaussures de montagne qui survivent à leur estive…

*

Enfin, la première douche depuis la montée ! À l'abreuvoir, le déshabillage express n'empêche pas de garder un œil sur le chemin de randonnée. Quel plaisir de sentir l'eau froide sur son corps, une force vive pour un nouveau départ, toute propre. Les marmottes ne se sont pas gênées pour se rincer l'œil et ovationner ma douche de petits cris stridents. Merci pour vos applaudissements mesdemoiselles !

–Jour 227–

Laëtitia, la compagne d'Olivier, travaille dans la vallée, au centre pénitencier. Parfois, elle vient rendre visite à son mari et sa fille, en haut de la montagne. Sportive et aimante, elle arrive à chaque fois avec un sac de randonnée rempli de douceurs. Le petit péché mignon de notre berger : les M&M's. Oui, on est berger, tout en haut d'une montagne, représentant d'un métier ancestral, mais ce n'est pas une raison pour refuser les petits plaisirs offerts par notre siècle. Comme dit Olivier « on a tout ce modernisme qui est extra, aujourd'hui j'aime même dire qu'on a presque tous les avantages sans les inconvénients, parce que t'es berger en haut de la montagne et t'as ton téléphone portable, c'est dingue ».

–Jour 230–

Le paysage défile sous nos yeux, nous redescendons. Je repense à ces paroles : "le berger, quand il descend, il n'est plus rien". Ça y est, nous y sommes. Nous aussi nous sommes descendues, nous avons bouclé l'aventure. Cela nous fait tout drôle d'imaginer que ce ne sera plus notre quotidien.

***

Conclusion

Je me rends compte que nous sommes pleinement heureuses en ce moment. Les rires sont si intenses qu'ils meurtrissent parfois nos joues, et la nuit tombe sans même que je réalise que la journée a filé. Le monde nous gâte, à en perdre la boule. Nous découvrons les joies de l'échange, du don. Nous travaillons beaucoup mais nous prenons le temps de vivre. Nous nous attachons à nos hôtes. Les départs sont durs, mais les arrivées sont folles et imprévisibles. Nous goûtons l'inconnu, nous faisons confiance. Leur passion nous nourrit.

Je me dis que c'est peut-être ça le bonheur : une vie en harmonie avec la nature et les Hommes qui t'entourent.

En tout cas, je crois que notre place est d'être là, et que nous l'avons bien trouvée.

Si ce livre vous a plu, n'hésitez pas à le prendre en photo devant un champ, une ferme, un troupeau... et à le partager sur les réseaux pour le faire connaître en taggant @surlechamp2020 et @editionslabutineuse.

Enfin retrouvez tous les épisodes de nos immersions sur Aunomdelaterre.tv !

Remerciements

Je tiens avant toute chose à remercier du fond du cœur les agriculteurs qui nous ont accueillies à bras ouvert dans leur quotidien et sans qui cette aventure agricole initiatique n'aurait pas vu le jour. Merci donc à François Béquet, Stéphanie et Stéphane Moalic, Hélène et Arnaud Follet, Nicolas et Marie Brahic, Félix Haguet, les sœurs de l'Abbaye de Boulaur, Hélène et Etienne Falise, Babeth et Raphaël Colicci, Émilie et Aurélien Thouverey, Félix Blazquez, Thomas Baluteau, Bruno, Patricia, Olivier Jung, Laeticia Desserve.

Merci à Manon, Agathe, Lisa, Stelia, Stérenne, Steve, Lilou, Anaïs, Angèle, Marielou, Ptit Boulou, Nataël, Floé, tous ces enfants et adolescents fantastiques qui nous ont ouvert les portes de leur maison et invité dans leur univers merveilleux. Vous nous avez touchées, émues et vos bouilles sont gravées dans nos mémoires.

Je tiens à remercier tout particulièrement Yonathan Bellaiche, l'ami poète bourré de talent, pour sa précieuse aide.

Merci à Elvire de Villeneuve pour ses retours, ses encouragements et son enthousiasme.

Merci à notre cher parrain, Édouard Bergeon, de nous avoir fait confiance et de nous avoir accompagné tout au long de notre aventure et bien au-delà.

Un immense merci aux Éditions La Butineuse pour leur confiance et leur folie créatrice.

Merci à mon père, Ghislain, de m'avoir soufflé l'idée d'écrire pendant l'aventure. À ma mère, Armelle, pour ses relectures attentives et son amour bienveillant. À ma sœur, Marie, et mon frère Hugo, pour leur soutien et leur fidèle affection.

Merci à mes colocs, Lilia, Armand, Guillaume, Tim, et à mes deux poules, Simone et Martine.

Merci à tous mes proches qui me soutiennent dans mes projets fous.

Brice, merci d'être à mes côtés et de me communiquer cette énergie fertile.

Enfin, merci à ma chère et fidèle acolyte, Ambre, pour sa bonne humeur omnisciente, sa joie de vivre communicative, sa patience inconditionnelle et notre amitié intemporelle.

Que faire de ce livre une fois que vous n'en voulez plus ?

1. Lui donner une seconde vie

Prolongez la durée de vie de ce livre en le donnant à un proche, une association ou en le revendant. Un livre peut toujours avoir une utilité avant d'être jeté.

Revente

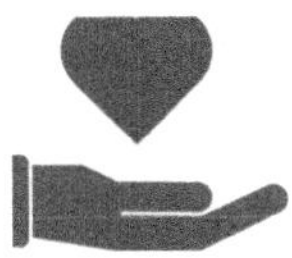

Don

2. Bien le recycler

S'il doit être jeté, mettez le au recyclage pour que le papier qui le compose soit réutilisé. Mais attention, il est important d'éliminer les perturbateurs de recyclage avant :

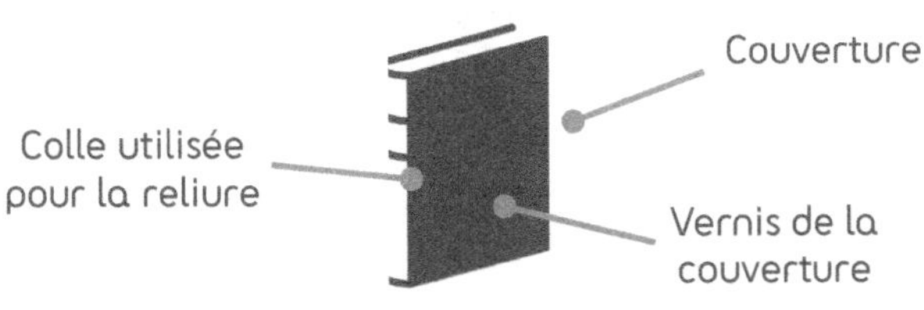

Pour cela, il suffit de lui retirer sa couverture et de la mettre dans le bac des emballages et le cahier central dans le bac des papiers.

Le papier de couverture est un couché non pelliculé (220 gr). Le papier intérieur est un Clairbook blanc bouffant (80 gr), issu des papeteries Clairefontaine en France.

FSC
www.fsc.org
FSC® C020637
The mark of responsible forestry

Cet ouvrage a été achevé d'imprimer par l'imprimerie Corlet à Condé-en-Normandie en décembre 2022.

Imprimé en France

Dépôt légal : décembre 2022